今日がちょっと特別な日になる

ヘアアレンジのルール

渡邊 義明　著

ナツメ社

はじめに

この本を手に取っていただき、ありがとうございます。

まずみなさんに伝えたいのは、「髪型って人を変える！」ということ。髪型をいつもとほんの少し変えるだけで、まわりからの印象が変わる。それによって自分に自信がついたり、人生が180度変わったりすることがあります。

2020年は新型コロナウイルスの影響で、「人に会えない」「おしゃれができない」という声を多く聞いたので、少しでも髪型でハッピーな気持ちになってもらえるように一生懸命この本を作りました。

僕はいつもYouTubeやInstagramでヘアアレンジ動画を発信しています。もうかれこれ5年以上になります。

投稿をはじめてから本当にたくさんの方に僕の考えたヘアアレンジを見てもらって、わかりやすいとか自分でやるのは難しいなどさまざまなご意見をいただき、試行錯誤しながらやり方や見せ方を変えて、今も日々発信を続けています。

みなさんにこれだけはわかっていてもらいたいのが、「美は一日にしてならず」という言葉です。男性の僕に言われなくてもわかってるよ！って思われる方がほとんどかと思いますが（笑）。

スキンケアもメイクもスタイリングも一日ではキレイにできませんし、うまくなりません。ヘアアレンジも同じです。何度も何度も練習してキレイにできてくるものです。自分は不器用だからできないって思っている方も、ご自身で毎日メイクしていますよね？　毎朝起きたら寝グセ直しして髪を整えたり、コテやアイロンで巻く方も、自分なりにスタイリングできていますよね？

はじめはできなかったけど、少しずつできるようになったはずです。ヘアアレンジも一緒です！　どんなに不器用な方でも、やり続けていたら、絶対おしゃれにできるようになります。

「でもいつも髪型がワンパターンになってしまう……」「テンションが上がらない……」と悩んでいる方は、いつものやり方をほんの少し変えるのがポイント。いつものやり方に少しつけ足すイメージがよいかと思います。

「いつものポニーテールにヘアアクセをつけてみよう！」「サイドを少し編んでみよう！」など日々生活していく中で毎日、何かひとつ挑戦するだけで、ヘアアレンジはうまくなっていきますし、バリエーションも豊富になっていきます。最初は何もできなかったのに、毎日やっていれば、うまくなってくる。

僕が美容師になったばかりのときに先輩からよく言われた言葉に「一日ひとつでいいから何かを覚えなさい」というものがあります。「そうすると年間で365個のできることが増えるから」と。そのことを信じて、毎日何かひとつって思いながら、今も美容師をやっています。

この本はさまざまな髪の長さの方へ、日常使いからパーティーまで目的に沿ってアレンジできるヘアスタイルをバリエーション豊かに用意しています。まずは日常で使えるヘアアレンジをはじめ、少しずつレベルを上げてパーティーヘアまで覚えるころには、確実にヘアアレンジが得意になっていると思います。

ヘアアレンジを通して毎日が楽しくなりますように。
生活に欠かせないものにしてもらえたらうれしいです。

2020年12月吉日

スタイリスト　渡邊義明

ステップ別ヘアアレンジチャート

本書は日常使いからパーティー向けまで、シーンごとにヘアアレンジを紹介しています。自分がしたいヘアアレンジが、ひと目でわかるチャートです。

\ デイリーアレンジを覚えたいならこの章！ /

p20 Step 1

ちょいテクで気分がアガる簡単アレンジ

お散歩に行く、買い物に出かけるなどちょっとしたお出かけにぴったりな、簡単なのにかわいいアレンジを紹介します。

\ ビジネスシーンを華やかにしたいならこの章！ /

p62 Step 2

オフィスでも決まるこなれアレンジ

きっちり・かっちりもいいですが、ビジネスシーンもおしゃれにしたいという方におすすめのヘアアレンジをそろえました。

プライベートな時間を
キラキラさせたいならこの章！

P116 Step 3
休日やデートが楽しくなるおしゃれアレンジ

友達との女子会やパートナーとのデートなど、いつもよりおめかししたときにマッチするヘアアレンジが見つかります。

特別な日にしたい
ゴージャスアレンジはこの章！

P158 Step 4
Specialな日を彩る華やかアレンジ

ドレスアップした日は、髪型も華やかにあわせたいもの。特別な日に挑戦したい華やかなヘアアレンジがたくさんあります。

Step 1 ちょいテクで気分がアガる簡単アレンジ

Step 2 オフィスでも決まるこなれアレンジ

contents

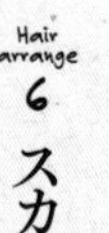

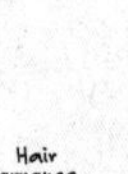
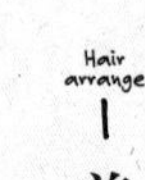
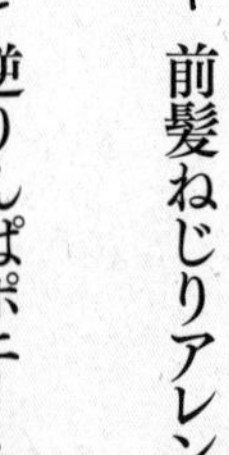

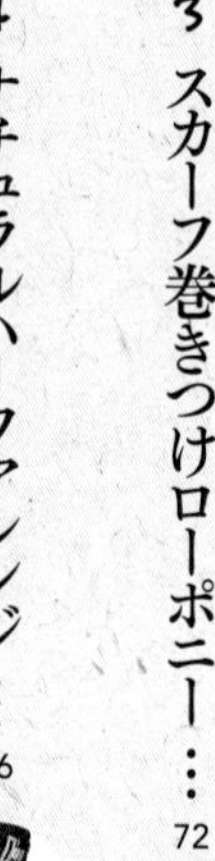

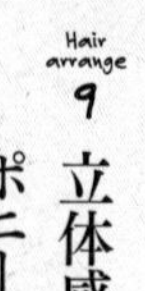
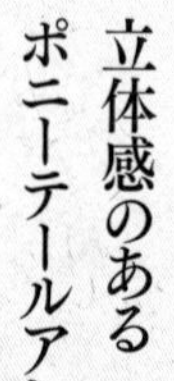

Step 3
休日やデートが楽しくなるおしゃれアレンジ

Step 4 Specialな日を彩る華やかアレンジ

本書の使い方

Hair arrange 1
小顔効果のあるサイドアレンジ

セミロング / ロング — A
3 min — B
シリコンゴム3本 / コテ(26mm) — C
D

A 髪の長さ

各ヘアスタイルにおすすめの髪の長さです。ミディアムは肩上から鎖骨まで、セミロングは鎖骨下から胸上まで、ロングは胸下までの長さを前提としています。

B 所要時間

ヘアスタイルの完成までにかかる時間の目安です。事前に髪を巻く場合の時間は含まれていません。

C 必要な道具

ヘアアレンジに必要な道具、小物を記載しています。コテとストレートアイロンの大きさはオススメのサイズです。巻かなくても問題ありませんが、巻くと華やかになります。

D 二次元バーコード

コードをリーダーで読み取ると、各ヘアスタイルの手順動画をダウンロードし、確認することができます。（一部の手順について、書籍と異なる部分があります）

ざっくりなのに自然な立体感 “ラフなこなれ感”は髪の引き出し方にあり

今っぽいこなれたおしゃれなヘアアレンジのポイントは、ずばり「引き出し」のテクニック。髪の毛束を少しずつ引き出し、軽くほぐしていくことで髪全体に自然な立体感が出ます。この引き出しをすることで、ほどよい抜け感が出てこなれた雰囲気になります。

ですが、このくずし方がわからないといったお悩みや、不器用な人はくずし方のさじ加減がわからないことも。引き出しすぎるとルーズな印象を与えてしまうのでヘアアレンジの初心者には難しいかもしれません。このくずし方のポイントは、「バランスを整えながらランダムに引き出す」こと。均一に引き出すだけでも、適当にランダムに引き出してもナチュラルからほど遠くなります。目指すところは「トータル的には整っていつつも、かっちりしすぎないラフ感」です。それを実現するには、大きく引き出すところと小さく引き出すところをバランスよくミックスさせること。

次のページで具体的な引き出しのやり方を解説しますので、ぜひチャレンジしてください。ヘアスタイルはもちろん、前から見たときや横顔の印象がグンと変わります。

「引き出し」の作り方

01

ゴールデンポイントから上に1cmほど引き出す

片手で結び目を押さえながら、もう片方の手であごと両耳の上を結んだラインの延長線上にある、頭のセンターラインであるゴールデンポイントから毛束を3mm分指でつまみ、上に1cmほど引き出す。

トップから順に両脇まで7か所を引き出す

トップから順に左右の両脇まで、計7か所の毛束を引き出していく。その後、7か所の間の毛束の下側をつまんで、デコボコになるように立体的に引き出す。

03

耳の横の毛束を半分被さるくらい引き出す

最後に耳の横の毛束を、耳に半分被さるくらい引き出す。

完成

Advice

ひとつ結びの場合は全体で13か所、アレンジしている場合は計8か所程度、バランスを見ながら上から順に引き出してください。

簡単なのに映える！「くるりんぱ」を覚えればアレンジが広がる

こなれ感を演出し、ヘアアレンジの幅を広げてくれる「くるりんぱ」は、ぜひともマスターしたいところ。くるりんぱは、その簡単さが何よりの魅力。髪をひとつにまとめ、結び目の上の真ん中を割って隙間を作り、そこに毛束を入れ込むだけ。

忙しいときでもヘアゴム１本さえあればすぐにできる定番アレンジですが、くるりんぱは短くてもできるので、ショートやボブなど短いヘアの方でも髪の長さに関係なくアレンジを楽しむことができます。また、ストレートやパーマなどの髪のスタイルに関係なく取り入れることができるのもポイント。さらに、くるりんぱを三つ編みやおだんごなどのほかのアレンジ方法と組み合わせることで、よりこなれたスタイルを作れちゃいます。メリットだらけのくるりんぱは「毎日のヘアアレンジに悩み中……」「不器用でヘアアレンジに苦戦している……」という方にこそおすすめのヘアアレンジ！

次のページでは、ベーシックなくるりんぱのやり方を解説しますので、まだくるりんぱを習得していない方はぜひチャレンジしてみてください。

基本の「くるりんぱ」の作り方

01 ひとつ結びにして結び目の真ん中を半分に割る

髪を耳下の高さでひとつ結びにする。結び目上部の真ん中を指で半分に割る。

02 できた隙間に毛束を通す

結び目を持ち、毛束をくるりと上から下へと穴の中に通す。

03 両端を左右にギュッと引っ張る

通した毛束を２つに分けて、両端をギュッと引っ張りゴムを隠す。結び目のまわりとトップの毛束を指でつまんで少しずつ引き出してほぐす。

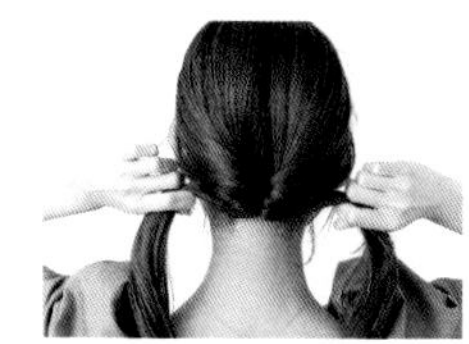

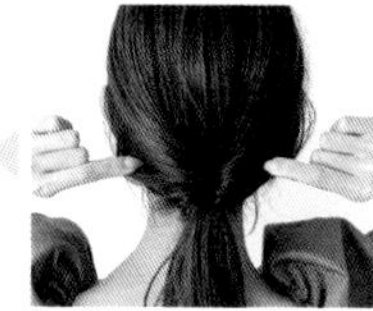

やっぱり巻いたほうが断然アレンジのバリエーションが広がる

本書ではヘアアイロンやコテで巻かなくてもできるヘアアレンジを紹介していますが、やはり本音を言うと巻いてアレンジしたほうが、見た目も華やかになりますし、バリエーションも広がります。「巻くのは難しい……」とヘアアイロンを遠ざけるより、どんどんチャレンジしましょう。道具を使いこなし、コツをつかんだら巻きも簡単に短時間でできるようになります。

ここで、美容師ならではの巻きのポイントを伝授します。8割くらいの方はつむじが右巻きになっています。左右同様に巻くと、右巻きは頭全体の毛流れの影響で右側だけ前方向にはねてしまうことが多いんです。これを防ぐためには、右の毛束だけ前に持ってきて、0・5回転ほど多く巻くようにしましょう。つむじが左巻きの人は同様に左側の髪の毛を0・5回転多く巻いてください。

Point 1

巻くときに毛束を顔の前に持ってくる。

Point 2

右（または左）の髪の毛を0.5回転多く巻く。

髪は巻いたほうが華やかさがアップするとお伝えしましたが、シーンによって巻き方を変えるとさらにバリエーションが広がります。通常モードやビジネスモードのときはワンカール程度、デートや会食などいつもよりおしゃれにしたいときは顔まわりを多めに巻く、パーティーなどドレスアップしたときは内巻きと外巻きをまぜたMIX巻きで。TPOにあわせて髪の巻き方を変えると、頭の先からトータルコーディネートできます。

華やかに巻くためには、カール力の強いコテを使いましょう。コテはさまざまな太さがあり、細くなるほどカールが強く、太くなるとゆるめに仕上がります。どんな髪の長さでも使える26㎜がおすすめです。

ワンカールでふだんの生活やオフィスワークもおしゃれに♪

ワンカール＋顔まわり多め巻きでふだんよりアがるヘアアレンジに♡

内巻きと外巻きをMIXするとドレスアップも華やかに決まる！

Step 1

ちょいテクで気分がアガる簡単アレンジ

大きな予定がない一日も、ほんの少しヘアアレンジをしてみるだけで気分が明るく、しゃっきりとします。この章では気軽にチャレンジできて、ふだんのお散歩やお買い物に出るときにもぴったりの簡単アレンジを10種類紹介します。5分以内でできてしまうモノばかりなので、基本を学びながら気分にあわせて雰囲気を変えてみましょう。

Hair arrange 1

小顔効果のあるサイドアレンジ

セミロング

ロング

3 min

シリコンゴム2本

コテ（26mm）

360度 Arrange

Left
左

Front
正面

Right
右

Back
後ろ

How to Arrange

01

毛先を MIX 巻きにする

髪全体を上下２ブロックに分け、顔まわりの毛束から外巻きに巻く（写真 01-A）。その後、下の段の髪から内巻き→外巻きの順で交互に巻いていく（写真 01-B）。下の段が終わったら上の段も同様に巻く（写真 01-C、01-D）。

01-A

01-B

01-C

01-D

02

髪を半分に分け、片方の毛束を巻きつける

髪を半分に分け、耳下で片方をゴムで結ぶ（写真 02-A）。もう一方の毛束をゴムの上に１周巻きつけ（写真 02-B）、上からゴムで結ぶ（写真 02-C）。

02-A

02-B

02-C

03

結び目とトップの毛束を引き出す

結び目の上の毛束をつまんで引き出し、ほぐしながらゴムを隠す（写真 03-A）。結び目を手で押さえ、トップまわりの毛束をつまんで引き出す（写真 03-B）。

03-A

03-B

Hair arrange 2

ハーフアップポンパ

ミディアム
セミロング
ロング

3 min

ヘアピン 1本
バレッタ 1個
ストレートアイロン（26mm）

360度Arrange

Left
左

Front
正面

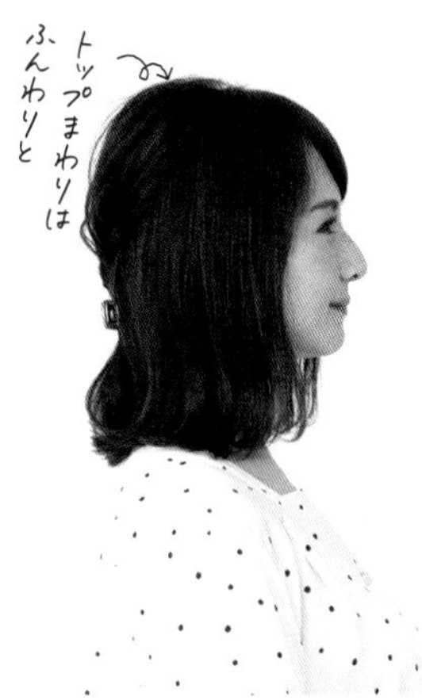

Right
右

Back
後ろ

How to Arrange

01 毛先を外ハネに巻く

顔まわりの毛束をストレートアイロンに挟み、毛先に向かってすべらせ外ハネにする（写真01-A）。後ろの髪も同様に少しずつ毛束をとって挟み（写真01-B）、全体を外ハネにする（写真01-C）。髪の量が多く巻きづらい場合は髪を上下2ブロックに分け、順に巻くとよい。

01-B

01-A

01-C

02 後頭部の髪を取り分け、ねじる

前髪の上から後頭部までの髪を楕円形にとり分け（写真02-A）、毛束を1回ねじる（写真02-B）。

02-A

02-B

03

ピンを差す

ねじり目を手で押さえ、トップまわりの毛束をつまんで引き出す（写真 03-A）。ピンをねじった毛束の側面に沿わせて差し込む（写真 03-B）。

03-A

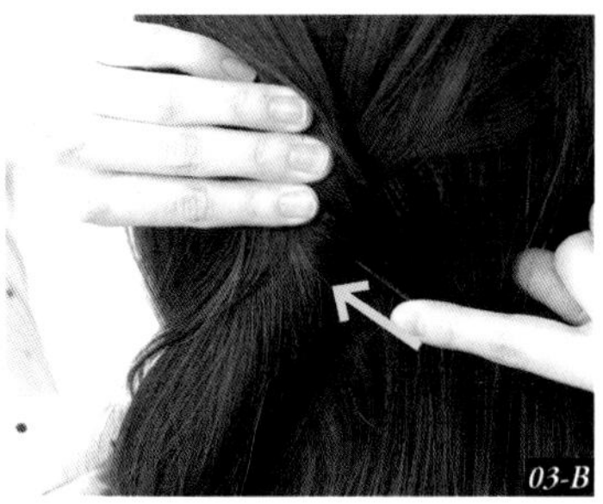
03-B

04

04

バレッタをとめる

ねじり目の下にバレッタをとめる（写真 04）。

Hair arrange 3

ポンパ高めポニーテール

ミディアム

セミロング

3 min

ヘアピン1本

スプリングゴム1本

コテ（26mm）

360度Arrange

高い位置で結んでヘルシーに

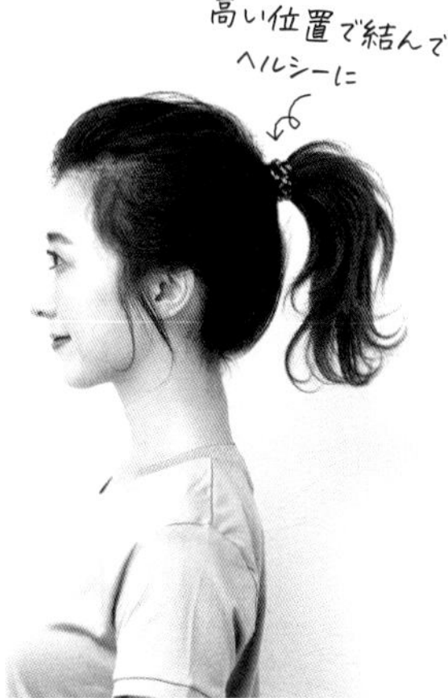

Left
左

ふんわりトップでスッキリ顔

Front
正面

決め手はCラインのおくれ毛

Right
右

手ぐしでまとめてこなれ感

Back
後ろ

How to Arrange

01

01 毛先を外ハネに巻く

髪全体を上下２等分にする。中間から毛先に向けてコテをすべらせ、下の段から外ハネにする。下の段が終わったら上の段も同様に巻く（写真 01）。

02 前髪も一緒にひとつ結び

耳の横のおくれ毛を一筋残し、手ぐしで前髪も一緒にひとつにまとめる（写真 02-A）。あごと耳をつなぐ延長線上でゴムでひとつに結ぶ（写真 02-B）。

02-A

02-B

03-A

03

ポンパドールを作る

前髪が割れないよう後ろに持ってきてつまみ（写真03-A）、ピンを毛の流れに垂直にとめる。このとき、縦に差し込むとピンが見えにくい（写真03-B）。

03-B

04

トップと毛先を整える

トップまわりの毛束をつまんで引き出す（写真04-A）。また結んだ毛束を上に持ち上げるようにして、縦にボリュームを出す（写真04-B）。最後に毛先を裂いて、動きを出す（写真04-C）。

04-C

04-B

04-A

Hair arrange 4

ミディアム

セミロング

ロング

3 min

シリコンゴム1本

ヘアスタイル用紐（長さ100cm）1本

360度 Arrange

Left
左

Front
正面

Right
右

Back
後ろ

How to Arrange

01

ひとつ結びにし、
輪にした紐を通す

耳より少し低い位置で、ゴムを使い全体をひとつ結びにする（写真 01-A）。半分に折った紐を、結び目に巻きつけるように 1 周して輪の中に通す（写真 01-B）。

01-A

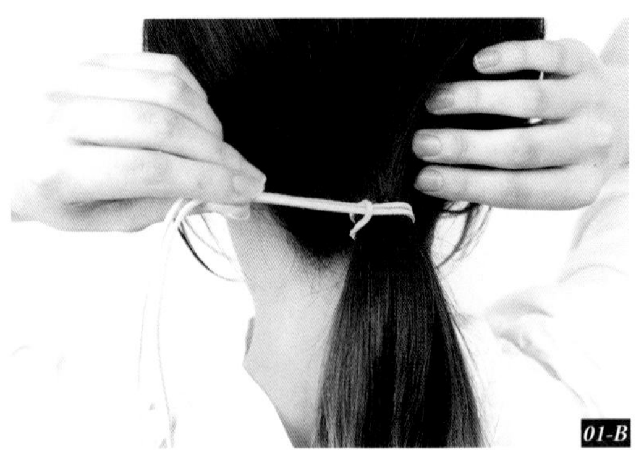

01-B

02

毛束に紐を巻きつける

毛束に紐をくるくると巻きつけていき、結ぶ（写真02）。結び目が見えないよう裏側に回す。

03

トップの毛束を引き出す

結び目を手で押さえ、トップまわりの毛束をつまんで引き出す（写真03）。

Hair arrange 5

ハーフおだんごヘア

セミロング

ロング

スプリングゴム１本

コテ（26mm）

360度 Arrange

Left
左

Front
正面

Right
右

Back
後ろ

How to Arrange

01

毛先を巻く

事前に毛先を巻いておくとスタイルが作りやすい。
髪の巻き方は、P24 ///を参照。

02-A

02

おだんごを作る

顔まわりの毛束を少し残して両サイドのこめかみの上から後ろまでの毛束をとる。分け目ができないように手ぐしでひとつにまとめ（写真02-A）、ゴムで結ぶ。このとき、毛束を全部通さず、結び終わりを輪っかにしておだんごを作る（写真02-B）。

02-B

トップの毛束を引き出す

トップまわりの毛束をつまんで引き出す（写真03）。

サイドとおだんごの毛束を引き出す

分け目を隠すようにサイドの毛束を引き出す（写真04-A）。おだんごの毛束を指で左右に裂くように引き出して、ボリュームを出す（写真04-B）。

Hair arrange 6

ねじりローポニーテール

セミロング

ロング

3 min

シリコンゴム1本

360度 Arrange

Left
左

Front
正面

Right
右

Back
後ろ

How to Arrange

01-A

01

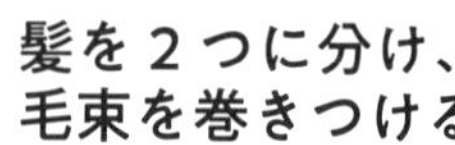

髪を２つに分け、毛束を巻きつける

髪をみつえり部分で２つに分ける（写真01-A)。多いほうの毛束へ少ない毛束を２周巻きつけ（写真01-B、01-C)、その毛束の毛先をあわせてひとつに結ぶ（写真01-D)。

01-B

01-C

01-D

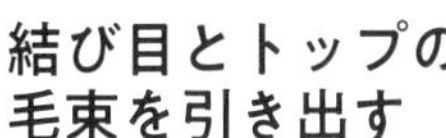

結び目とトップの毛束を引き出す

結び目を手で押さえ、巻きつけた部分の毛束を指で引き出してほぐす（写真 02-A）。トップまわりの毛束を指でつまんで引き出す（写真 02-B）。

02-A

02-B

Hair arrange 7

ゴム隠しポニーテール

ミディアム

セミロング

ロング

3 min

シリコンゴム２本

コテ（26mm）

360度 Arrange

Left
左

Front
正面

Right
右

Back
後ろ

How to Arrange

01

襟足の毛束を残してひとつ結び

毛先を外ハネに巻く。右サイドの耳後ろから襟足の毛束半分を残し（写真 01-A)、残りの髪をゴムでひとつに結ぶ（写真 01-B)。

01-A

01-B

02-A

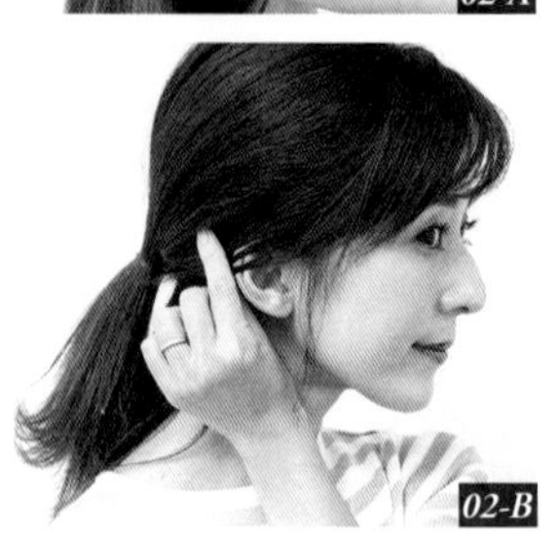

02-B

02

毛束を引き出す

結び目を手で押さえ、トップの毛束を手ぐしで引き出す（写真 02-A)。耳横の毛束をつまんで引き出し、軽く耳に被るようにする（写真 02-B)。

03

襟足の毛束を結び目に巻きつける

襟足の毛束を逆サイドに持ってきて半分に割る（写真 03-A）。２本の毛束をロープのようにねじり（写真 03-B）、結び目に１周巻きつける。巻きつけた毛束を引き出し、ほぐす（写真 03-C）。ゴムでひとつに結び、毛先をつまんで広げ、形を整える（写真 03-D）。

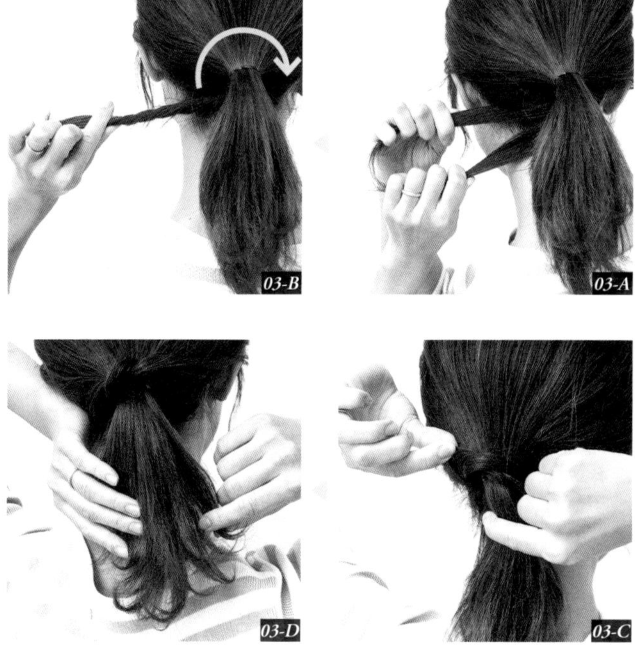

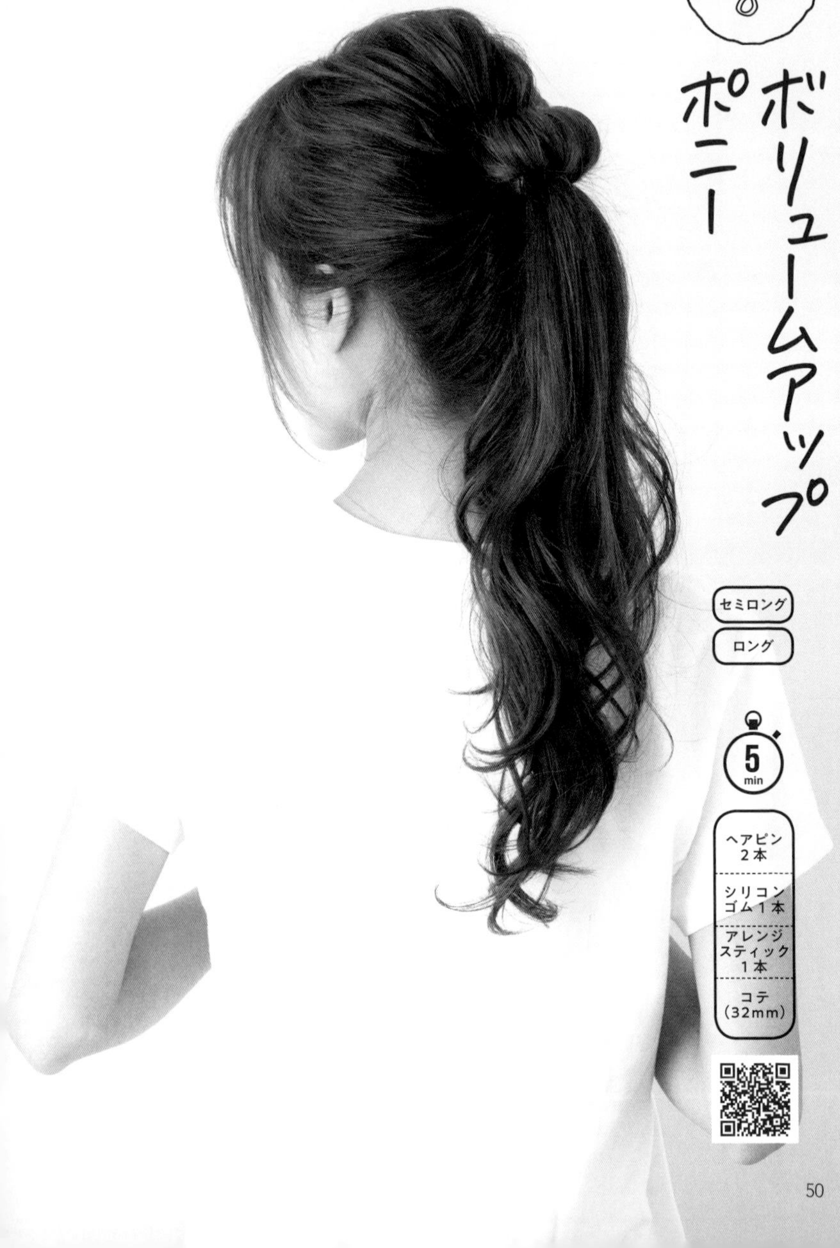

ボリュームアップポニー

セミロング

ロング

ヘアピン
2本

シリコンゴム1本

アレンジスティック1本

コテ（32mm）

360度 Arrange

Left
左

Front
正面

Right
右

Back
後ろ

How to Arrange

01

髪を外巻きにする

顔まわりの毛束から外側に巻いていく（写真 01-A）。毛束をコテに2回転ほどさせて、毛先まですべらせしっかり熱を通す。髪を上下2ブロックに分け、下の段から外巻きにする（写真 01-B）。下の段が終わったら上の段も同様に巻く（写真 01-C、01-D）。

02

髪全体をひとつ結び

顔まわりの毛束を少し残し、手ぐしで髪をひとつにまとめる。あごと耳をつなぐ延長線上でゴムでひとつに結び（写真 02-A）、トップの毛束を引き出す（写真 02-B）。

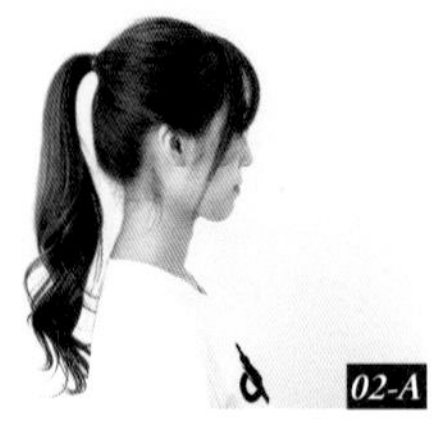

アレンジスティックで ゴム隠し

結び目の上にアレンジスティックを通し（写真 03-A）、ポニーテールの上部３分の１ほどの毛束を穴に通す（写真 03-B）。アレンジスティックの柄を持ち、まっすぐ下に引き抜く（写真 03-C、03-D）。

03-A

03-D

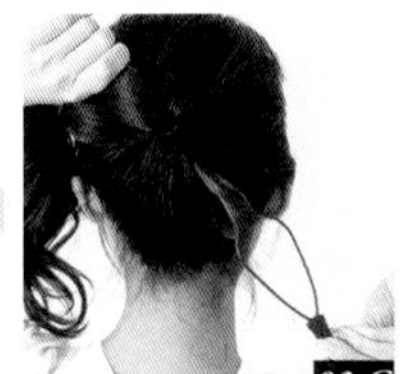

03-C

03-B

04-A

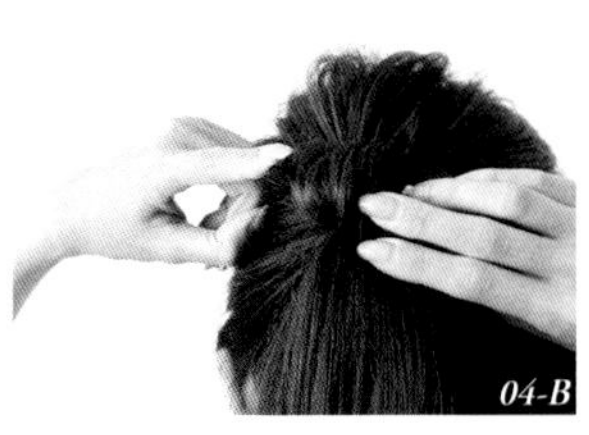

04-B

04

輪を広げて ピンでとめる

結び目の上の輪になった毛束を手で左右に広げ（写真 04-A）、輪が扇形になるように左右をそれぞれピンでとめる（写真 04-B）。

Hair arrange 9

編み紐アレンジ

セミロング

ロング

5 min

シリコンゴム１本

ヘアスタイル用紐（長さ100mm）２本

360度Arrange

ざっくり編みでルーズな仕上がり

Left
左

前から見るとスッキリシンプル

Front
正面

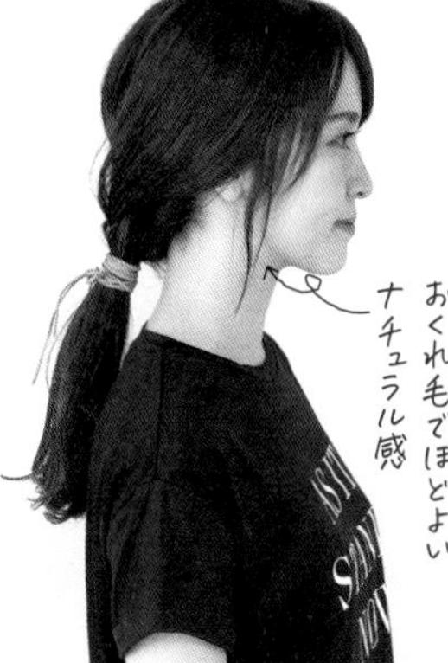

おくれ毛でほどよいナチュラル感

Right
右

組み合わせた編み紐がとってもかわいい

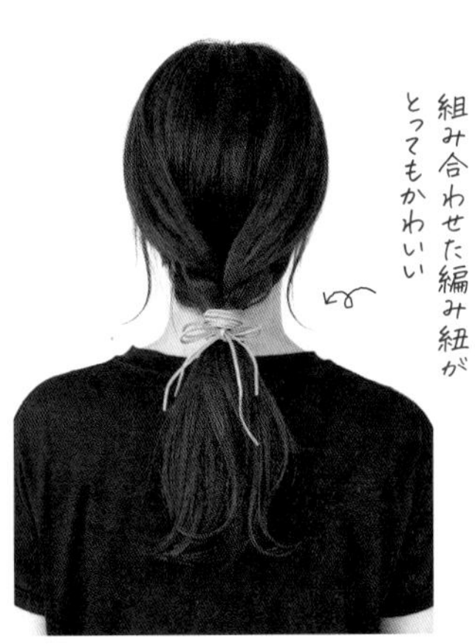

Back
後ろ

How to Arrange

01

髪を４等分にする

髪を半分に分け（写真 01-A)、その毛束をさらに半分に分ける（写真 01-B)。

01-A

01-B

02

毛束をロープ編みにして結ぶ

2本の毛束を交互に編む（写真 02-A)。反対側も同様にし（写真 02-B)、ゴムでひとつに結ぶ（写真 02-C)。

02-C

02-B

02-A

03

結び目とトップの毛束を引き出す

結び目を手で押さえながら、ゴムの上の毛束を引き出しふんわりさせる（写真 03-A）。トップまわりの毛束をつまんで引き出す（写真 03-B）。

04

編み紐を巻きつける

編み紐を２本重ねてゴムの上に巻きつけ（写真 04-A）、ちょうちょ結びをする（写真 04-B）。

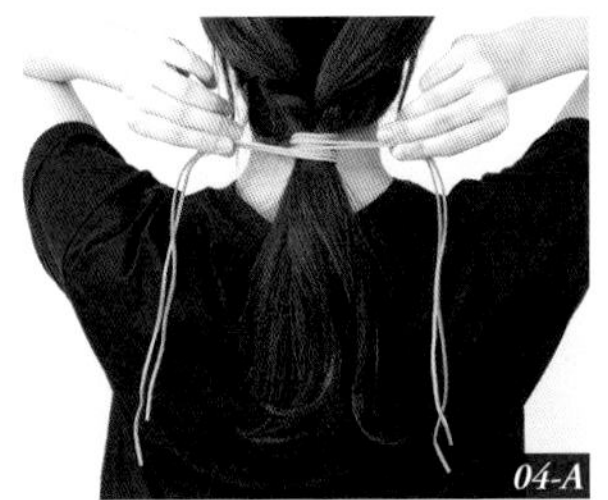

Hair arrange 10

片サイドハーフアレンジ

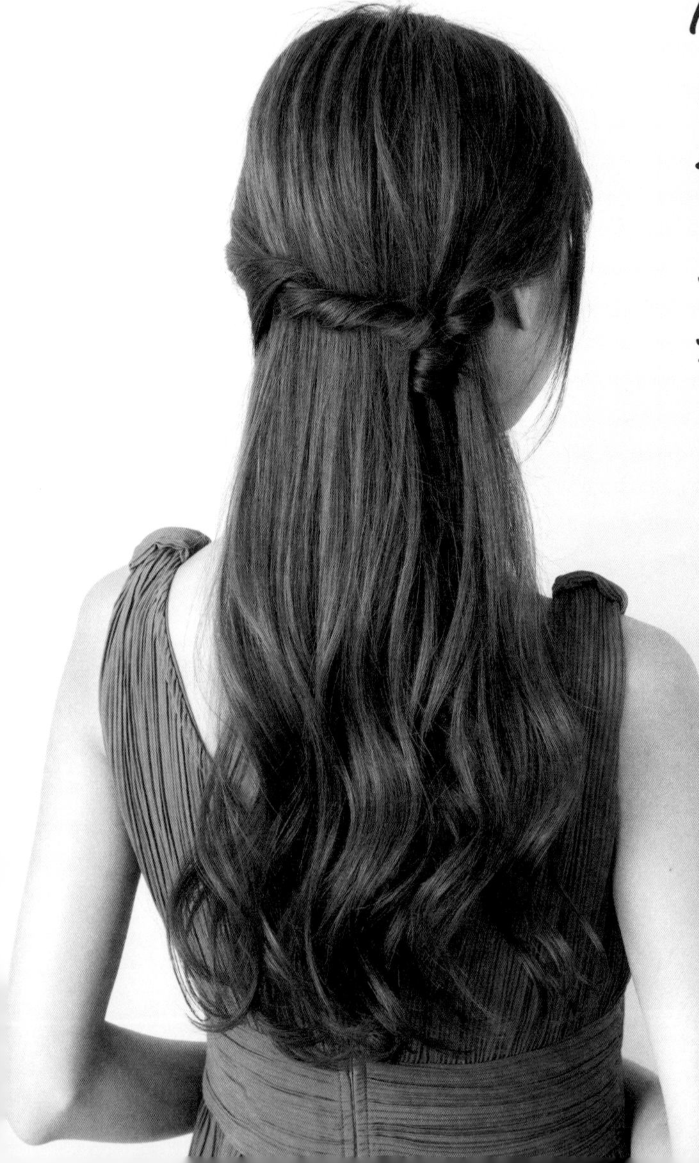

ロング

シリコンゴム２本

360度 Arrange

Left
左

Front
正面

Right
右

Back
後ろ

How to Arrange

01-A

01-B

01

両サイドの耳後ろの毛束を片側でひとつ結び

両サイドの耳後ろの毛束をとり（写真01-A）、片側の耳の後ろでひとつに結ぶ（写真01-B）。

02

くるりんぱをする

ひとつ結びの結び目の真ん中を割り（写真02-A）、結び目を持って毛束を上から穴の中に通す（写真02-B）。

02-B

02-A

03

襟足の毛束を巻きつける

03-A

くるりんぱと逆サイドの襟足の毛束を持ち上げ（写真03-A）、くるりんぱをした毛束に３回巻きつける（写真03-B）。そのままゴムを隠すように下に２回巻き付け（写真03-C）、根元をゴムで結ぶ（写真03-D）。

03-D

03-C

03-B

04

巻きつけた部分とトップの毛束を引き出す

巻きつけた部分の毛束を少しずつ引き出してほぐし、ふんわりとさせる（写真04-A）。トップの毛束を指で引き出す（写真04-B）。

04-A

04-B

Step 2

オフィスでも決まるこなれアレンジ

オフィスシーンなどきちんと決めたいときには、ヘアスタイルを変えるだけで印象がぐっと変わります。毎日のことだからそんなに手間はかけられない、でも好印象を与えたい……。この章ではそんな場面にぴったりなヘアアレンジを10種類紹介します。垢抜けポイントを押さえ、清潔感を大切にしたスタイルで女性らしさを楽しみましょう。

Hair arrange 1

ざっくりハーフアレンジ

ミディアム

セミロング

ロング

5 min

シリコンゴム２本

ヘアクリップ／バレッタ１個

360度 Arrange

Left
左

Front
正面

Right
右

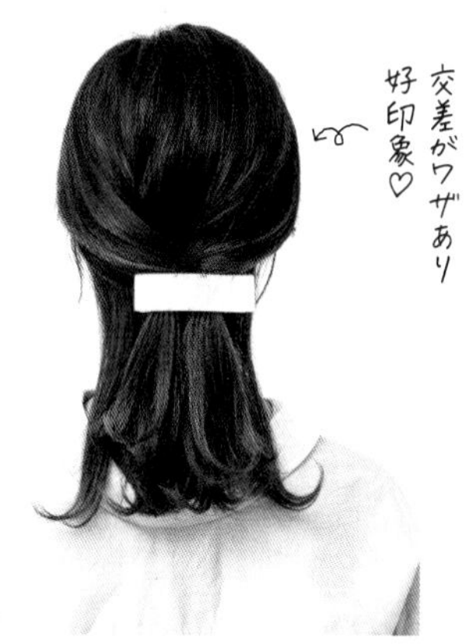

Back
後ろ

How to Arrange

01

右サイドと左バックサイドの毛束を結ぶ

顔まわりの毛束を少し残し、右サイドと左バックサイドの毛束を、後ろに持ってくる（写真01-A）。真ん中より少し左側でひとつに結ぶ（写真01-B）。

01-A

01-B

02

左サイドと右バックサイドの毛束を結ぶ

左サイドと右バックサイドの毛束を後ろに持ってくる（写真02-A）。01のひとつ結びの上で交差させ、真ん中より少し右側でひとつに結ぶ（写真02-B）。

02-A

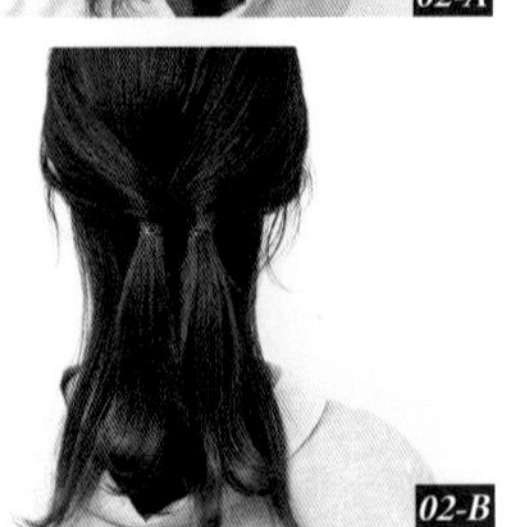

02-B

トップと結び目の毛束を引き出す

結び目を手で押さえ、トップの毛束を少し引き出す（写真 03-A）。また結び目の毛束をランダムにつまんで引き出す（写真 03-B、03-C）。

03-A

03-C

03-B

04

04

クリップをとめる

２つ並んだゴムの結び目の上にクリップ（またはバレッタ）をとめる（写真 04）。

Hair arrange 2

ノットヘア

セミロング

ロング

3 min

シリコンゴム1本

バレッタ1個

360度Arrange

トップはふんわり
丸みを出して

Left
左

やわらかいけど
キリッとキマる

Front
正面

オフィスに馴染む
"きちんと"感

Right
右

結び目を見せて
後ろ姿もおしゃれに

Back
後ろ

01

両サイドの毛束を交差させる

両サイドの毛束を耳後ろから取り分ける（写真 01-A）。後ろで交差させる（写真 01-B）。

01-B

01-A

02-A

02

毛束をゴムでひとつ結び

左右の毛束を、交差の下でひとつに結ぶ（写真 02-A）。結んだあと、結び目を少し広げる（写真 02-B）。

02-B

バレッタをとめる

ゴムを隠すように上からバレッタをとめる（写真03）。

04 トップの毛束を引き出す

おろした髪とバレッタを手で押さえながら、トップの毛束を少しずつ引き出し、バランスを整える（写真04）。

Hair arrange 3

スカーフ巻きつけローポニー

セミロング

ロング

3 min

シリコンゴム1本

スカーフ1枚

360度 Arrange

Left
左

Front
正面

Right
右

Back
後ろ

How to Arrange

01

顔まわりの毛束を残しひとつにまとめる

前髪と、両サイドの耳横までの毛束をおろす（写真01）。残りの髪は、トップから手ぐしでひとつにまとめておく。毛先にオイルかバームをつけておくとまとめやすい。

02

ひとつ結びにする

まとめた髪を、耳下の高さでひとつ結びする（写真02）。

03

結び目に
スカーフを
巻きつける

スカーフを半分に折り、三角形を作る。三角形の先端を折り返し、半分にする。さらに2回半分に折り畳む。スカーフの左端を持ち、右を長く残して結び目の上にあてる（写真03-A）。毛束に2周巻きつけ（写真03-B）、固結びをして（写真03-C）髪と一緒に垂らす。

03-A
03-B
03-C

ナチュラルハーフアレンジ

セミロング

ロング

3 min

ヘアクリップ1個

360度 Arrange

Left
左

Front
正面

Right
右

Back
後ろ

How to Arrange

01
耳から斜め上の髪を分けとる

両サイドの耳の上から、後頭部中心にかけて斜めに髪をとる（写真01-A、01-B）。

01-A

01-B

02-A

02-B

02
毛束をねじってクリップでとめる

毛束を3回ねじる（写真02-A）。左手でねじった毛束を押さえ、クリップで毛束と下の髪を斜めにとめる（写真02-B）。クリップを斜めにとめることで毛の流れがキレイに出る。

03

毛束を引き出す

クリップを右手で押さえながら、クリップでまとめた髪の表面の毛束を指でつまみ、バランスを見て交互に引き出す（写真 03-A、03-B）。同じようにトップの毛束を指でつまんで引き出す（写真 03-C）。

03-A

03-B

03-C

Hair arrange 5

オールバック高めポニーテール

セミロング

ロング

シリコンゴム1本

ヘアピン1本

ヘアブラシ

360度Arrange

高め位置でまとめてアクティブに

Left
左

正面からも毛先が見えてかわいい♡

Front
正面

美しい首筋ラインで横顔もスッキリ

Right
右

サイドに寄せてうなじがきれいに見える

Back
後ろ

How to Arrange

01

つむじの位置でひとつ結び

顔まわりともみあげ部分の毛束を残し（写真01-A）、ブラシを使ってトップの毛束を集め、襟足から髪をかきあげてひとつにまとめる（写真01-B）。真ん中より左に寄せた位置でゴムでひとつに結ぶ（写真01-C）。

01-A

01-B

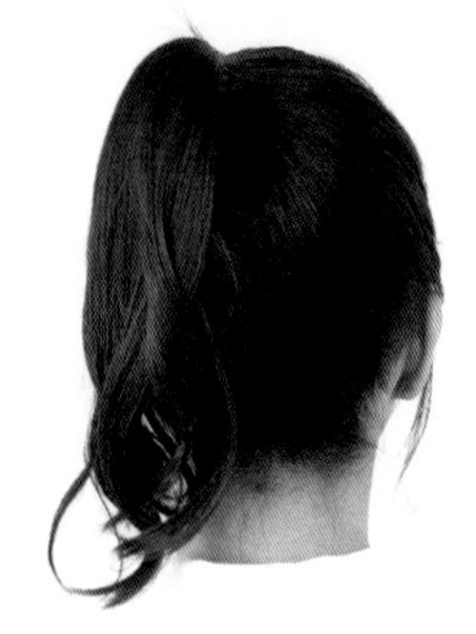
01-C

02

毛束を巻きつける

結んだ毛束を2つに分け（写真02-A）、一方を結び目に巻きつける（写真02-B）。毛先まで巻きつけたら、結び目が見えるように上の毛束を持ち上げ、巻きつけた毛束の毛先と結び目をピンで固定する（写真02-C）。

02-A

02-B

02-C

03

毛束を引き出す

結び目に巻きつけた毛束をつまんで引き出し、ほぐす（写真03-A）。トップまわりの毛束をつまんで引き出す（写真03-B）。

03-A

03-B

Hair arrange 6

スカーフヘア

ミディアム

セミロング

5 min

シリコンゴム1本

スカーフ1枚

360度 Arrange

Left
左

Front
正面

Right
右

Back
後ろ

How to Arrange

01-A

01-B

01-C

01-D

01
髪をひとつに結び、逆りんぱをする

髪をひとつ結びにする。両手で結び目の上を2つに割るように穴をあけ（写真01-A）、毛束を下から穴に通して上に持ち上げる（写真01-B）。毛束を髪の中に入れ込み（写真01-C）、毛先が飛び出ないよう、髪の隙間をなくす（写真01-D）。

後頭部とサイドの毛束を引き出す

結び目を手で押さえ、後頭部の毛束を指でつまんで上に引き出す（写真02-A）。またサイドの毛束を少しずつ引き出し（写真02-B）、全体がボブのようなフォルムになるようバランスを整える（写真02-C）。

02-A

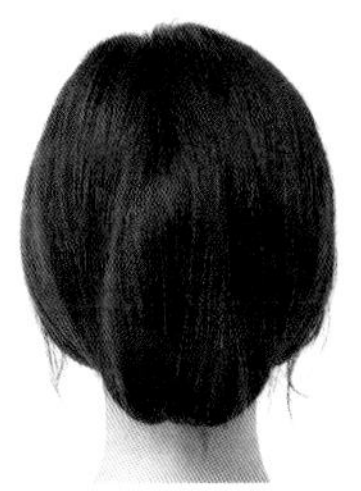

02-C

02-B

03

スカーフを結ぶ

スカーフを折り、ヘアバンドのように頭に巻き、耳の下で結ぶ（写真03）。

03

Hair arrange 7

くるりんぱで作る大人まとめ髪

ミディアム

セミロング

3 min

シリコンゴム1本

ヘアクリップ1個

ヘアオイル

360度Arrange

Left
左

Front
正面

Right
右

Back
後ろ

How to Arrange

01-A

01-B

01
毛先にオイルをつけ、ひとつ結びにする

髪の毛先にしっかりオイルを馴染ませる（写真 01-A）。髪をまとめ、耳下の高さでひとつ結びにする（写真 01-B）。

02
くるりんぱをする

結び目の上部を手で持ち、真ん中を指で半分に割る（写真 02-A）。結び目を持ち、穴の中に上から毛束を回すように通す（写真 02-B、02-C）。

02-C

02-B

02-A

毛束を持ち上げ、クリップでとめる

くるりんぱをした毛束を上にねじりながら持ち上げる（写真03-A）。毛先を丸めサイドをクリップでとめる（写真03-B）。

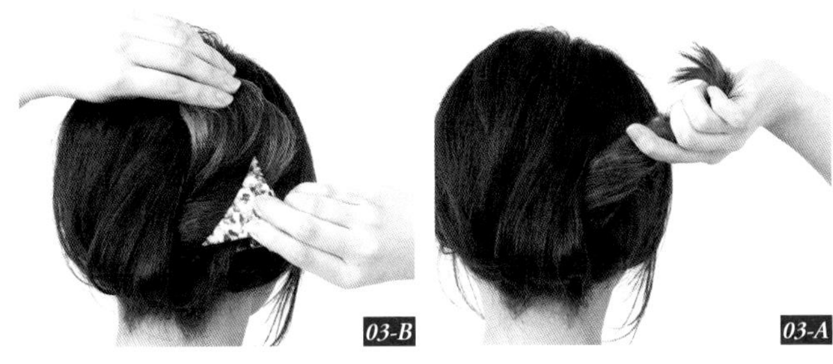

04

トップの毛束を引き出す

手で押さえながらトップまわりの毛束を引き出す（写真04）。ゴムを隠すように髪を引き出し、全体の形を整える。

Hair arrange 8
おくれ毛が決め手のおだんごアレンジ
セミロング
ロング
7~8 min
ヘアピン 2本
シリコンゴム 2本
飾りゴム 1本
コテ（26mm）

360度 Arrange

Left
左

Front
正面

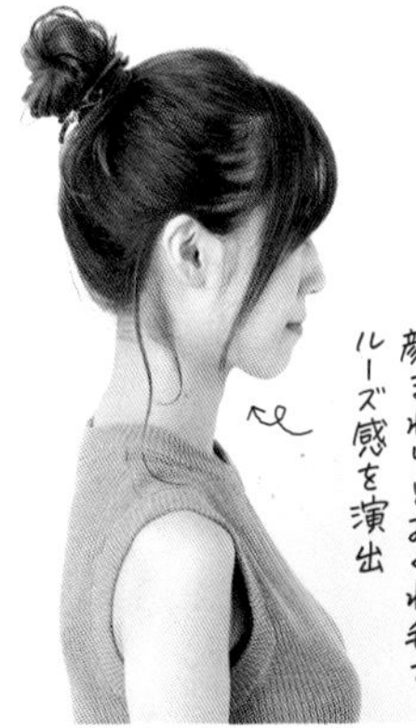

Right
右

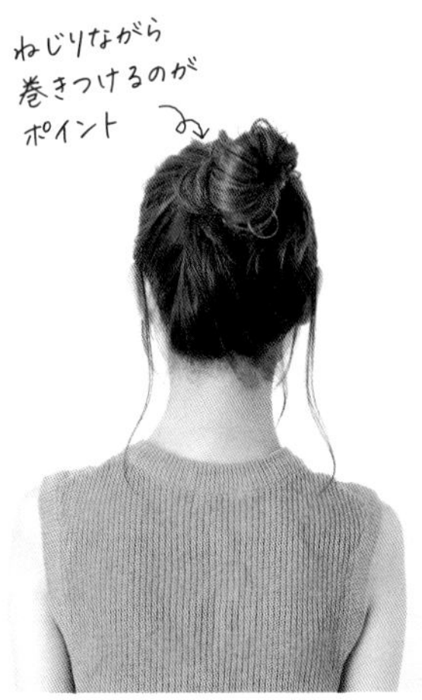

Back
後ろ

How to Arrange

01 毛先を巻く

事前に毛先を巻いておくとスタイルが作りやすい。髪の巻き方は、P52を参照。

02

02 上半分の髪をひとつ結び

顔まわりと耳横の毛束をひと筋残し、上半分の髪をあごと耳の線を結んだ延長線上でひとつに結ぶ（写真02）。

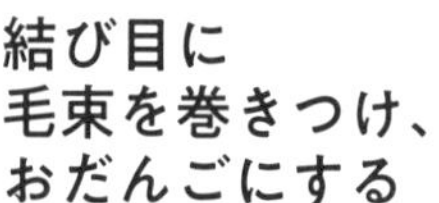

03 結び目に毛束を巻きつけ、おだんごにする

ひとつに結んだ毛束をねじりながら結び目に巻きつけ（写真03-A）、毛先をシリコンゴムで固定する（写真03-B）。

03-A

03-B

04

下半分の毛束をねじりおだんごに巻きつける

下半分の髪の毛束を2つに分け（写真04-A）、ロープ編みしながらおだんごのまわりに巻きつける（写真04-B、04-C）。上から、飾りゴムで結び、おだんごの毛束を引き出す（写真04-D）。

04-B

04-A

04-D

04-C

05

おくれ毛を作る

耳横のひと筋残した毛束を指でつまみ（写真05-A）、耳の後ろでピンで固定する（写真05-B）。このとき、ピンが外から見えないように根元まで押し込む。反対側も同様にする。

05-B

05-A

Hair arrange 9

立体感のあるポニーテールアレンジ

セミロング

ロング

3 min

シリコンゴム1本

ヘアフック1個

360度 Arrange

Left
左

Front
正面

Right
右

Back
後ろ

How to Arrange

01

髪を三つ編みにする

顔まわりの毛を残して髪を3つに分け（写真01-A）、後ろで1回三つ編みをしてゴムで結ぶ（写真01-B、01-C）。

01-A
01-B
01-C

毛束を引き出す

三つ編み部分の右バックサイド、トップ、左バックサイドの表面の毛束を指でつまみ、2か所ずつ引き出す（写真02-A）。両耳の後ろの毛束も引き出す（写真02-B）。

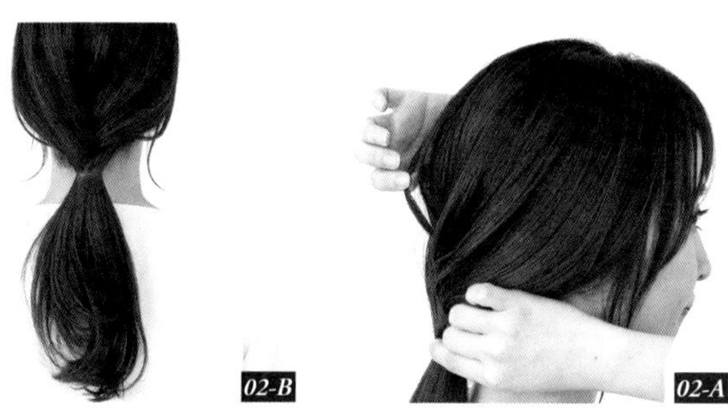

02-B 02-A

03

03

ヘアフックをつける

ヘアフックをゴムに差し込んでつける（写真03）。

Hair arrange 10

三つ編みポンパハーフアレンジ

セミロング

ロング

シリコンゴム２本

360度 Arrange

Left
左

Front
正面

Right
右

Back
後ろ

How to Arrange

01

トップの毛束を三つ編み

トップから円を描くように髪をとり（写真 01-A）、2 回三つ編みをして（写真 01-B）、ゴムで結ぶ（写真 01-C）。

01-A

01-C

01-B

02

サイドの毛束をひとつ結び

顔まわりの毛束を残し、両サイドの耳横の毛束を後ろでひとつにまとめて（写真 02-A）、ゴムで結ぶ（写真 02-B）。

02-B

02-A

03-A

03-B

03

くるりんぱをする

ひとつ結びにした毛束の結び目の上部を手で持ち、真ん中へ穴をあける。結び目を持ち、穴の中に上から毛束を回すように通す（写真 03-A）。両端を左右に引っ張りゴムを隠す（写真 03-B）。

04

三つ編みとトップの毛束を引き出す

くるりんぱをした部分と三つ編み部分の表面の毛束を指でつまみ、引き出す（写真 04-A）。トップまわりの毛束をつまんで引き出す（写真 04-B）。

04-A

04-B

短くってもかわいくアレンジしたい

ボブスタイルでもヘアアレンジ宣言！

お手入れやスタイリングの手軽さで今や大人気のボブスタイル。そのスッキリとした短さが魅力的なボブですが、ふだんはそのまま髪をおろしてばかりの方も多いのでは？　アレンジしても毛先のワンカールだけで終わってしまうなど、ロングヘアの人がアレンジしているのを見て、憧れているけど「自分はボブだしできない……」とあきらめ気味の人も多いでしょう。ロングヘアのようなアレンジは難しいと思いがちですが、実はボブヘアでもできるヘアアレンジはたくさんあります。定番のひとつ結びやハーフアップ、おだんごヘアをはじめ、人気のくるりんぱなど、忙しい朝でも簡単にひと手間でできるナチュラルで大人かわいいボブのヘアアレンジをご紹介します。また、ボブは短いぶん、毛先アレンジがよりいかせる髪型です。アレンジする前に巻いておくと、仕上がりのこなれ感がグンと増します。

ボブの長さだからこそ重くなりすぎず、スッキリと軽やかにおしゃれなヘアアレンジができます。ボブヘアさんのデイリーセットの幅が広がること間違いなし！

Hair arrange 1

前髪ねじりアレンジ

5 min

ヘアピン2本

コーム

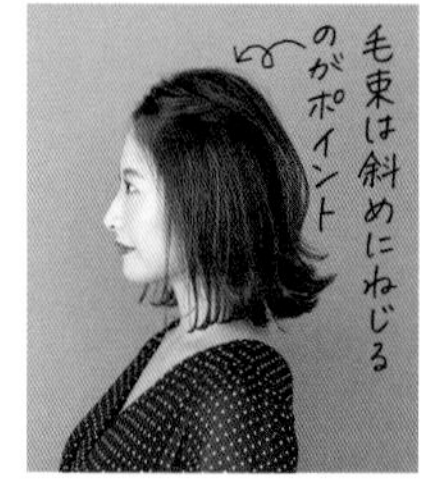

Left
左

Front
正面

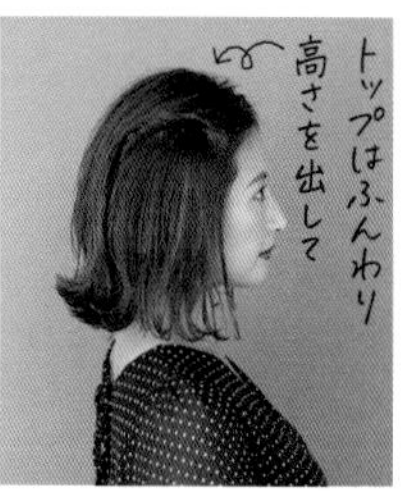

Right
右

How to Arrange

01

前髪をジグザグに分ける

コームの柄の部分を使って、おでこの生え際から頭頂部までセンターの分け目を横切るようにジグザグに動かす（写真 01）。

01

02

前髪とサイドの毛束をねじってとめる

分け目から前髪とサイドの髪を一束とり、毛束を浮かせないようにくるくるねじっていく（写真 02-A）。耳の斜め上の位置でピンをとめる。このとき、斜め上から耳の上に差し込むようにするとよい（写真 02-B）。反対側も同様にし、ねじった毛束の上から髪を被せる。ねじり部分の毛束を指で少しずつ引き出し、バランスを整える（写真 02-C）。

02-A

02-B

02-C

Hair arrange 2

逆りんぱポニー

5 min

シリコンゴム2本

飾りゴム1本

Left
左

Front
正面

Right
右

How to Arrange

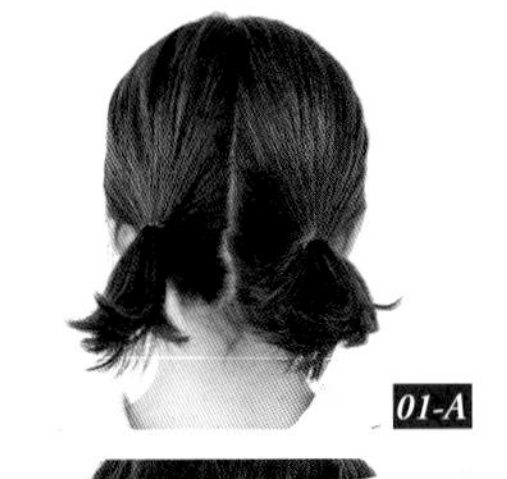
01-A

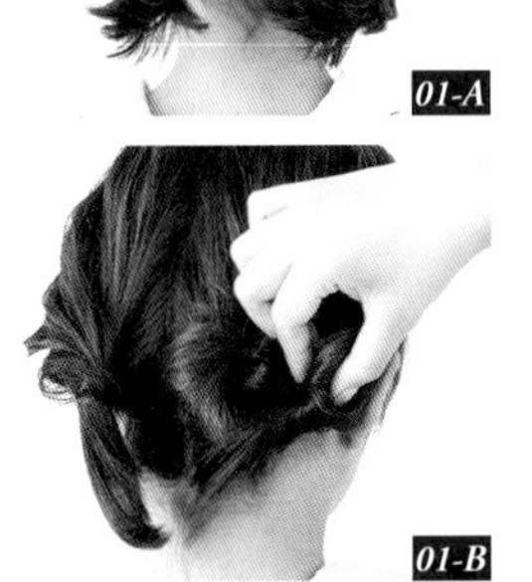
01-B

髪を２つに分け、逆りんぱ

真ん中で髪を２つに分ける。耳下の高さのできるだけ真ん中に近い位置で、ゴムで結ぶ（写真 01-A）。もう片方の毛束も同様にする。結び目の上を両手で持ち、内側から指で穴をあけて下から上へ毛束を通す。もう片方の毛束も同様にする（写真 01-B）。

２つの毛束をひとつにまとめ、分け目を隠す

２つの毛束をあわせて、飾りゴムでひとつに結ぶ（写真 02-A）。ねじった部分の毛束を指で引き出す（写真 02-B）。トップまわりの毛束を少しずつ引き出し、分け目を隠す（写真 02-C）。

02-A

02-C

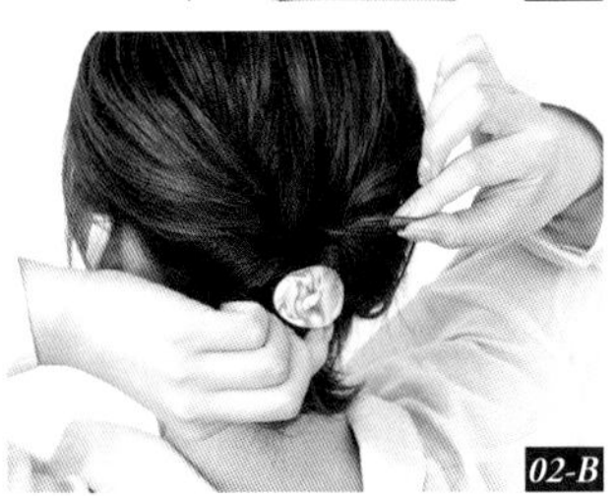
02-B

Hair arrange 3

ダブりんぱサイドアレンジ

5 min

シリコンゴム２本

スリムバレッタ１個

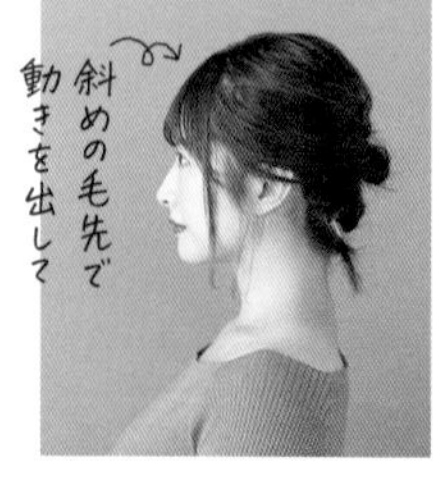

斜めの毛先で動きを出して

Left
左

顔まわりのルーズなおくれ毛が大人かわいい

Front
正面

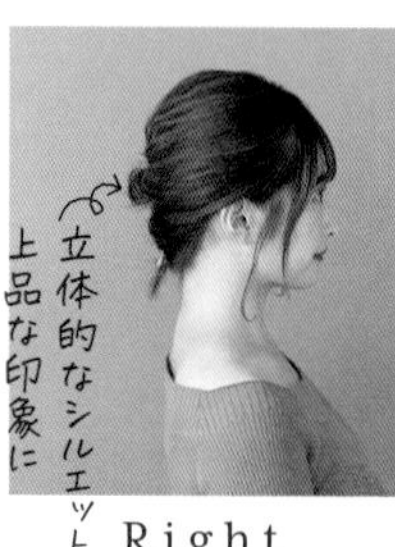

立体的なシルエットで上品な印象に

Right
右

How to Arrange

01

髪を上下半分に分け、くるりんぱ＋逆りんぱ

顔まわりの毛束ひと筋を残し、耳から上の髪を手ぐしでまとめ、少しサイドに寄せてひとつ結びにする(写真01-A)。結び目の上を割り、毛束を上から穴の中に通す（写真01-B)。残った耳下の毛束も同様にサイドに寄せてひとつ結びにする(写真01-C)。結び目の上を斜めに割り毛束を下から穴の中に通して、２本の毛束の毛先が斜めに重なるようにする（写真01-D)。

01-B 01-A 01-D 01-C

02

毛束を引き出し、バランスを整える

くるりんぱでねじった部分の毛束を指で少しずつ引き出し、立体感を出す（写真02-A)。襟足の結び目を手で押さえながら、毛束を引き出す（写真02-B)。結び目の上に、スリムバレッタをとめる（写真02-C)。

02-C

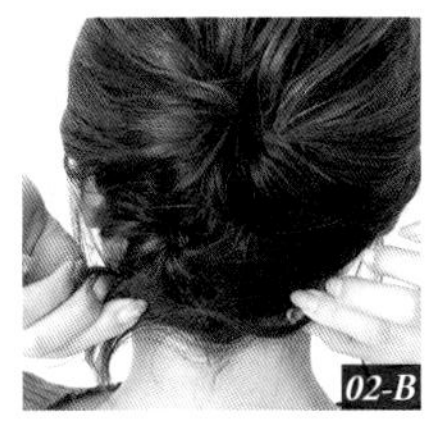
02-B

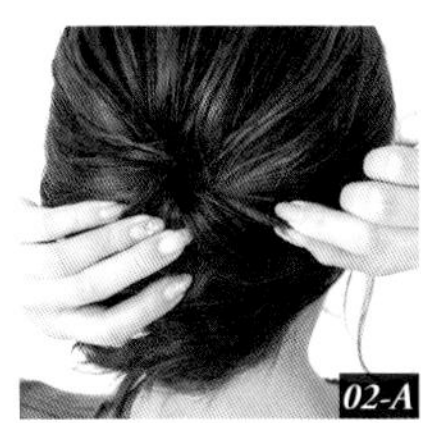
02-A

Hair arrange 4

編み込みシニヨン

5 min

ヘアピン 1本
シリコンゴム 2本
スリムバレッタ 1個
ヘアクリップ 1個

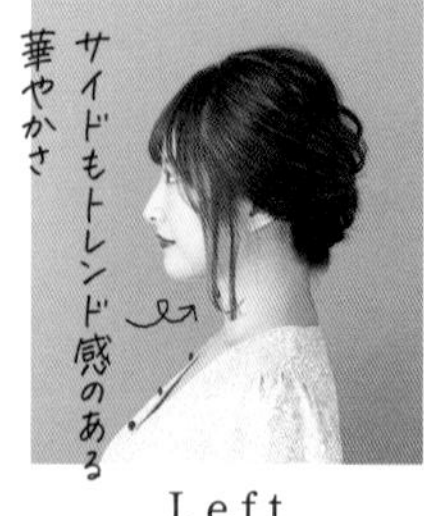

Left
左

Front
正面

Right
右

How to Arrange

01

髪を上下２つに分け逆りんぱと三つ編みにする

01-A

顔まわりの毛束をひと筋残して、髪を耳上と耳下の位置で２つに分け、上の毛束をクリップでとめて固定する。下の毛束はひとつ結びにする（写真 01-A）。結び目の上に穴をあけ、逆りんぱの要領で下から上に通した毛先を髪の中に入れ込み、しまう（写真 01-B）。上の毛束を三つ編みにする（写真 01-C）。

01-C

01-B

02

毛束を引き出し、ピンとバレッタをとめる

トップまわりの毛束をつまんで少しずつ引き出す（写真 02-A）。結び目を押さえながら、三つ編みの毛束を少しずつ指でつまみやわらかく引き出す（写真 02-B）。三つ編みの毛先を内側に折り込み、毛先と下側の髪をピンで横からとめる（写真 02-C）。右耳の後ろから髪の流れに沿わせるようにスリムバレッタをとめる（写真 02-D）。

02-B 02-A 02-D 02-C

Hair arrange 5

ロープハーフアップアレンジ

3 min

シリコンゴム1本
スリムバレッタ1個
ヘアクリップ1個

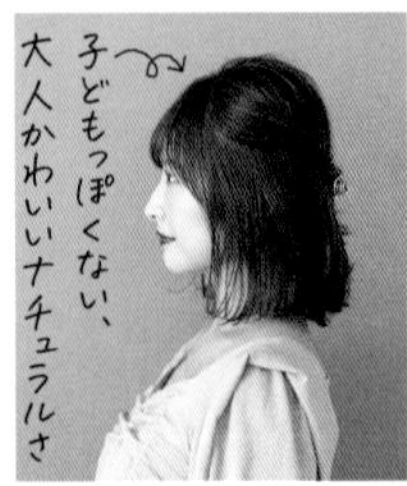

Left
左

Front
正面

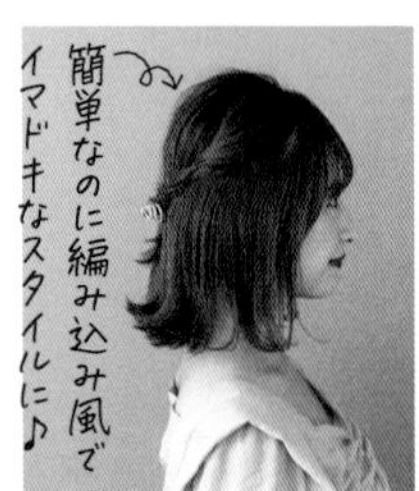

Right
右

How to Arrange

01

両サイドの耳上の毛束をとりロープ編みにする

耳より前の毛束を残して、右サイド上の毛束をとる（写真 01-A）。毛束を２つに分け（写真 01-B）、ロープ編みの要領で交差させながらねじっていきクリップでとめる。反対側も同様にする（写真 01-C、01-D）。

01-A

01-D

01-C

01-B

02-B

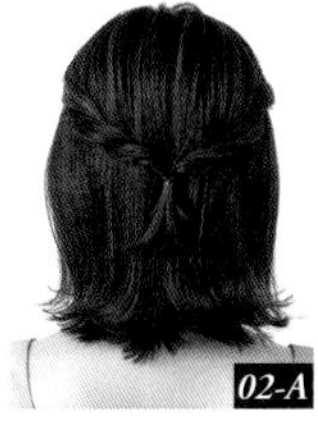
02-A

02-D

02-C

02

毛束をひとつに結び、バレッタをとめる

ロープ編みにした２本の毛束を、毛先の位置でひとつに結ぶ（写真 02-A）。トップまわりの毛束をつまみ、少しずつ引き出す（写真 02-B）。結び目を指でしっかり押さえながら、毛束の編み目を少しずつ引き出してほぐす（写真 02-C）。結び目の上に、スリムバレッタをとめる（写真 02-D）。

Step 3

休日やデートが楽しくなるおしゃれアレンジ

楽しみな予定がある日は、準備で服や髪型を考えるだけでもわくわくするもの。せっかくのお出かけやデートの日には、ふだんと少し違うヘアスタイルを試してみませんか？　この章では「いつもより大人かわいい」自分になれるアレンジを10種類紹介します。上品な愛されスタイルを中心に、簡単なのに手が込んで見えるコツを学んで自分らしい魅力を最大限に引き出しましょう。

Hair arrange 1

ねじりサイドポニーテール

セミロング

ロング

シリコンゴム１本

360度Arrange

Left
左

Front
正面

Right
右

Back
後ろ

How to Arrange

01
斜めに髪を取り分け、毛束をねじる

右側のハチのラインから左側の耳の高さまで斜めに髪を取り分ける（写真 01-A）。取った毛束を右サイドに寄せながらくるくると毛先までねじる（写真 01-B）。

01-A

01-B

02

ねじった毛束を下の髪に巻きつける

おろした髪をひとつにまとめ、右側へ持ってくる。ねじった毛束でおろした髪を巻くようにして、2周巻きつける（写真 02-A、02-B）。

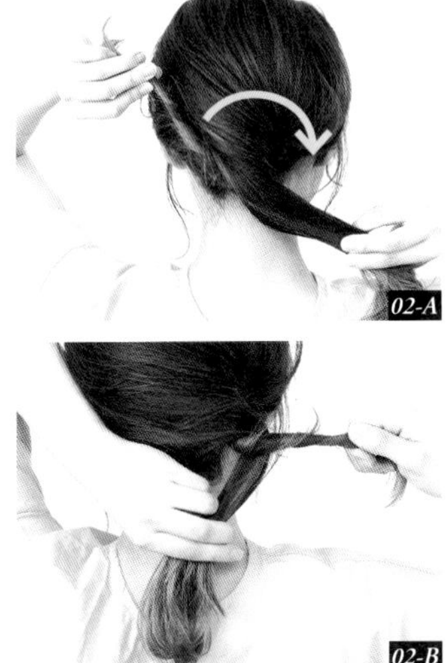
02-A
02-B

03

ゴムで結び、トップの毛束を引き出す

毛束をゴムでひとつ結びにする（写真 03-A）。ゴムを隠すように巻きつけた髪をほぐしていく。結び目を押さえながら、指で襟足の毛束を少し引き出す（写真 03-B）。トップまわりの毛束をつまんで引き出す（写真 03-C）。

03-A

03-C

03-B

Hair arrange 2

低めシニヨン

セミロング

ロング

3 min

ヘアピン1本

シリコンゴム1本

コテ（26mm）

360度 Arrange

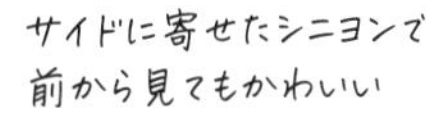

Left
左

Front
正面

Right
右

Back
後ろ

How to Arrange

01
毛先を巻く

事前に毛先を巻いておくとスタイルが作りやすい。髪の巻き方は、P52を参照。

02
髪を2つに分け、片方を輪っか結び

髪を真ん中で2つに分ける（写真02-A）。左の毛束をゴムでひとつにまとめ、毛先を残した輪っか結びのおだんごにする（写真02-B）。

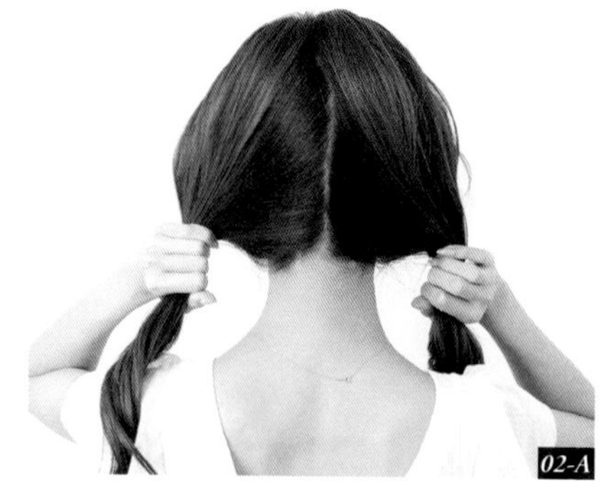

02-A

02-B

03

おだんごの結び目に毛束を巻きつけてとめる

右の毛束をねじりながら上に持ち上げ、左の毛先とあわせて（写真03-A）おだんごの結び目にくるくると巻きつける（写真03-B）。毛先を結び目にピンでとめる（写真03-C）。毛束を巻きつけるとき、サイドに寄せると毛流れがきれいに見える。

03-A

03-B

03-C

Hair arrange 3

ヘアアクセいらずハーフアレンジ

セミロング

ロング

5 min

シリコンゴム2本

360度 Arrange

トップまわりはふんわりと引き出すのがポイント

Left
左

分け目は隠してナチュラルな大人の抜け感を

Front
正面

顔まわりの毛束は残して甘さを出して

Right
右

ねじりアレンジでヘアアクセがなくてもとっても華やか

Back
後ろ

How to Arrange

01-A

01-B

01-C

01-D

01
右サイドと左バックサイドの毛束をひとつ結び

顔まわりの毛束は残し、右サイドの髪をとる（写真 01-A）。指先でねじりながら毛束を後ろに持っていく（写真 01-B）。左バックサイドの毛束をとり（写真 01-C）、右サイドの毛束とあわせてゴムで結ぶ。ねじった部分の毛束を引き出す（写真 01-D）。

反対側も同様にし、ねじった毛束を引き出す

顔まわりの毛束は残し、左サイドの髪をとる（写真 02-A）。指先でねじりながら毛束を後ろに持っていく（写真 02-B）。右バックサイドの毛束をとり、左サイドの毛束とあわせてゴムで結ぶ（写真 02-C）。ねじった部分の毛束を指で引き出す（写真 02-D）。

03

トップの毛束を引き出す

指でトップまわりの毛束を引き出し、ふんわりとさせる（写真 03）。

高めおだんごヘア

セミロング

ロング

シリコンゴム２本

ヘアブラシ

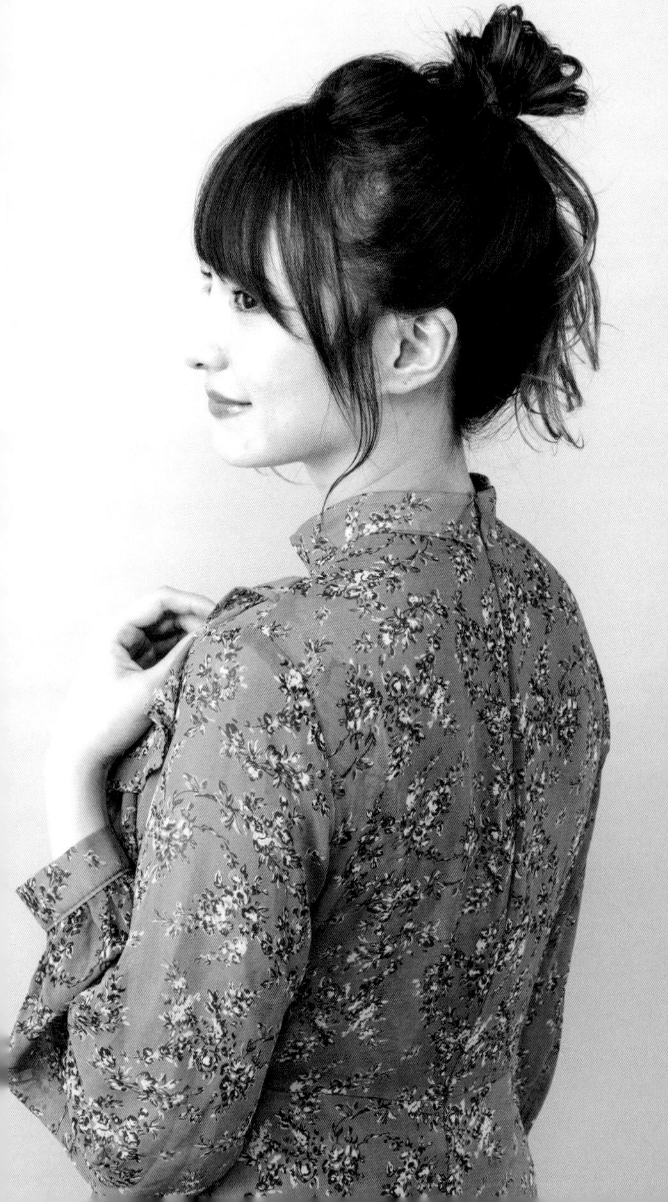

360度 Arrange

Left
左

Front
正面

Right
右

Back
後ろ

How to Arrange

01
髪全体を上下に分け、上の毛束をおだんごにする

顔まわりの毛束を残す。髪全体を耳上の位置で上下に分け、上の毛束を生え際からブラッシングしてひとつにまとめ（写真 01-A)、あごと耳をつなぐ延長線上でおだんごにする。このとき、毛先はまとめずおろしたままにする（写真 01-B)。

01-A

01-B

02-A

02 下の毛束を結び目に巻きつけて結ぶ

下におろしている毛束をひとつにまとめ、ねじりながらおだんごの結び目のまわりに巻きつける（写真02-A）。上からゴムで結ぶ（写真02-B）。

02-B

03 おだんごのボリュームを出す

おだんごの毛束を指で左右に裂くように引き出して、ボリュームを出す（写真03）。このとき、ハチよりも上の部分を引き出すとよい。

03

交差させるサイドアップ

ミディアム

セミロング

3 min

シリコンゴム1本

360度 Arrange

Left
左

Front
正面

Right
右

Back
後ろ

How to Arrange

01-A

髪を耳下でまとめて斜めにくるりんぱ

顔まわりの毛束を少し残して髪をまとめ、耳下の位置で、全体をひとつ結びにする。結び目上部の真ん中を斜めに指で割り（写真 01-A）、結び目を持って毛束を上から穴の中に通す（写真 01-B、01-C）。

01-B

01-C

トップと結び目の上の髪を引き出す

結び目を手で押さえ、トップまわりの毛束を指でつまんで引き出す（写真02-A）。結び目の上とサイドの毛束を指でつまんで引き出し、バランスを整える（写真02-B）。

02-A
02-B

連続おだんご玉ねぎヘア

セミロング

ロング

シリコンゴム４本

ヘアゴム１本

360度 Arrange

Left
左

Front
正面

Right
右

Back
後ろ

How to Arrange

01
髪を耳下の高さで ひとつ結び

髪を耳下の高さでひとつ結びにし、シリコンゴムで結ぶ。ゴムの上からヘアゴムで結ぶ（写真 01）。

01

02
毛束をねじり 途中をゴムで結ぶ

毛束を手でねじりながら、少し間隔をあけてシリコンゴムで結ぶ（写真 02-A）。毛先を手で持ちながら、毛束を引き出してバルーンのような形にする（写真 02-B）。

02-B

02-A

間隔をあけて
これを２回繰り返す

毛束を手でねじりながら、少し間隔をあけてシリコンゴムで結び（写真 03-A）、毛束を引き出す（写真 03-B）。これを計３回行う（写真 03-C、03-D）。

03-B

03-A

03-D

03-C

Hair arrange 7

サイドに寄せたローポニー

セミロング

ロング

5 min

シリコンゴム２本

360度 Arrange

ゆるやかな動きで
毛流れがきれいに見える

Left
左

サイドに毛束を流して
前から見ても美人顔

Front
正面

ゴムを隠して
上品&知的な大人スタイル

Right
右

くるりんぱで後ろ姿も
華やかドレッシー

Back
後ろ

How to Arrange

01-A

01-B

01
両サイドの毛束をひとつ結び

両サイドの毛束を後ろに持っていきひとつ結びにする。このとき、真ん中ではなく片側に少し寄せた位置で結ぶ（写真01-A)。残りの髪を真ん中で２つに分け（写真01-B)、ひとつ結びの結び目を囲むようにして後ろでまとめ、ゴムで結ぶ（写真01-C)。

01-C

02 外側の毛束をくるりんぱ

外側の毛束の結び目上部を大きく指で割り、結び目を持って毛束を上から穴の中に通す（写真02-A）。このとき、両方の手で毛先を持ち、ねじりながらぎゅっと上下に引っ張るとゴムが見えにくくなる（写真02-B）。

02-B

02-A

03 結び目とトップの毛束を引き出す

ゴムの部分を手で押さえながら、指で結び目の毛束をつまんで引き出す（写真03-A）。指でトップの毛束をつまんで引き出す（写真03-B）。

03-B

03-A

三つ編みミックスヘア

セミロング

ロング

シリコンゴム２本

ヘアゴム１本

360度 Arrange

Left
左

Front
正面

Right
右

Back
後ろ

How to Arrange

01

髪を半分に分け、片方を三つ編み

髪を真ん中で半分に分ける。左側の毛束を三つ編みにし、シリコンゴムで結ぶ（写真 01-A）。ゴムの部分を手で押さえながら、三つ編み部分の毛束をつまんで少しずつ引き出していく（写真 01-B、01-C）。

01-A

01-C

01-B

02 残りの毛束も同様に三つ編み

残りの毛束を左側に持ってきて、01の三つ編みの上に重ねるように三つ編みをする（写真02-A）。このとき、２本のゴムの位置があうように注意しながら、シリコンゴムで結ぶ（写真02-B）。ゴムの部分を手で押さえながら、指で後頭部の毛束と、三つ編み部分の毛束を少しずつ引き出していく（写真02-C）。

02-A

02-C

02-B

03

03 ２本の三つ編みをあわせて結ぶ

２本の三つ編みを斜め前に重ねて持ってきて、シリコンゴムの上からヘアゴムでひとつに結ぶ（写真03）。

Hair arrange 9
三つ編みローポイントポニー
セミロング
ロング
5 min
シリコンゴム１本
ヘアゴム１本
ヘアフック１個

360度 Arrange

Left
左

Front
正面

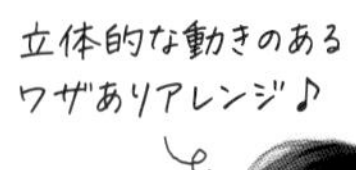

Right
右

Back
後ろ

How to Arrange

01 右後頭部の毛束を三つ編みにし、全体をひとつ結びにする

右後頭部のハチより上の表面の髪をとり（写真 01-A）、ゆるく三つ編みをする(写真 01-B)。このとき、サイドから中心に向かって少し斜めになるように編んでいく。三つ編みと残りの髪をまとめて、ゴムでひとつ結びにする（写真 01-C）。

01-A

01-B

01-C

02-A

02-B

02 三つ編みの毛束を引き出す

三つ編みの編み目を、指でつまんで引き出しふんわりさせる（写真02-A）。三つ編みの結び目を手で押さえながら、毛束を左右にくずす（写真02-B）。ゴムの上からヘアゴムをつける。

03 ヘアフックをつける

結び目のゴムに差し込むように、ヘアフックをつける（写真03）。

03

Hair arrange 10

ローメッシーバン

セミロング

ロング

7~8 min

ヘアピン２本

シリコンゴム２本

360度Arrange

Left
左

Front
正面

Right
右

Back
後ろ

How to Arrange

01-A

01-B

01
斜めに髪を取り分けおだんごにする

頭頂部から襟足にかけて、少し斜めに髪を分けとる（写真01-A）。このとき、左の顔まわりの毛束を少し残しておく。耳より下の位置で、それぞれの毛束を後ろに持っていき毛先を残したおだんごにする（写真01-B）。このとき、2つのおだんごがなるべく近く、離れないようにする。トップまわりの毛束をつまんで引き出す（写真01-C）。

01-C

おだんごの輪の中に反対側のおだんごを入れる

片方のおだんごの輪を指で広げ、その中にもう一方のおだんごにした毛束を通す（写真 02-A）。輪に通した毛束とおだんごの毛先をひとつにまとめ、ピンでとめる（写真 02-B）。輪に通したおだんごの毛先を上に持ち上げて（写真 02-C）、結び目に巻きつけるようにしてピンでとめる（写真 02-D）。

03

おだんごの毛束を引き出す

おだんごの輪の部分を指で左右に割るように引き出して、ボリュームを出す（写真 03）。

Step 4

Specialな日を彩る華やかアレンジ

パーティーや記念日などの特別な日には、周囲の視線を集める華やかな髪型がぴったりです。でも、そんなアレンジはヘアサロンでなければ難しい……。そう感じている人も多いと思います。この章では自分でできるスペシャルなヘアスタイルを10種類紹介します。アップスタイルからナチュラルな編み込みヘアまで、ドレスアップにも相性バツグンの上品なアレンジをぜひ試してみてください。

Hair arrange
1
編みおろしアレンジ
セミロング
ロング
3 min
シリコンゴム1本
ヘアクリップ1個

360度Arrange

Left
左

Front
正面

Right
右

Back
後ろ

How to Arrange

01
髪を２つに分け、毛束をねじって結ぶ

頭頂部の右側からみつえりまで髪を斜めに取り分ける（写真 01-A）。２本の毛束をロープ編みの要領でくるくるとねじり（写真 01-B）、毛先を丸く折り返してゴムで結ぶ（写真 01-C）。

01-B

01-A

01-C

02
結び目とトップの毛束を引き出す

髪を押さえながら結び目から毛束をつまんで少しずつ引き出し、ふんわりとさせる（写真 02-A）。トップまわりの毛束をつまんで引き出す（写真 02-B）。結び目の上にヘアクリップをとめる（写真 02-C）。

02-A

02-B

02-C

Hair arrange 2

横りんぱハーフアップ

ミディアム

セミロング

5 min

シリコンゴム１本

ストレートアイロン

360度 Arrange

ラフすぎないハーフアップで清楚な印象

Left
左

S字カールのおくれ毛でニュアンスをつけて

Front
正面

ルーズな毛流れでナチュラルな横顔に

Right
右

サイドに寄せて女性らしい魅力を引き出す

Back
後ろ

How to Arrange

01
髪をS字カールに巻く

髪全体を上下2ブロックに分ける。下の段から、ストレートアイロンを使い中間は内巻きに(写真01-A)、毛先は外ハネにする(写真01-B)。下の段が終わったら上の段も同様に巻く(写真01-C)。

01-B

01-A

01-C

02
耳上の髪をサイドに寄せてひとつ結び

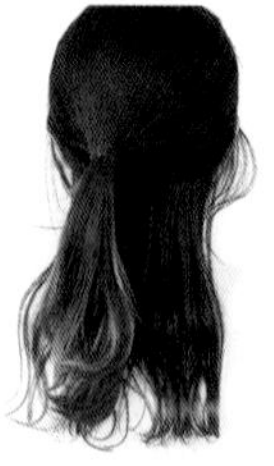
02

耳より上の髪をすくいとり、サイドに寄せて後ろでひとつ結びにする(写真02)。

03
くるりんぱを作る

結び目の真ん中を割り、結び目を持って毛束を上から穴の中に通す(写真03)。

03

04
結び目とトップの毛束を引き出す

04-A

結び目まわりの毛束をつまみ引き出してほぐす（写真04-A）。トップの毛束を引き出してほぐす（写真04-B）。

04-B

05
顔まわりのおくれ毛をS字カールに巻く

ストレートアイロンで顔まわりのおくれ毛の中間をはさみ、カーブをつける（写真05-A）。アイロンを毛先にすべらせ、反対側にカーブをつける（写真05-B、05-C）。

05-C

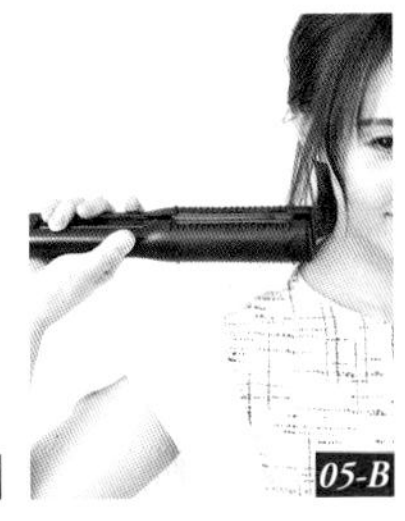
05-B

05-A

Hair arrange
3
サイドおだんごヘア
セミロング
ロング
5 min
シリコンゴム２本
ヘアクリップ１個
ストレートアイロン

360度 Arrange

Left
左

Front
正面

Right
右

Back
後ろ

How to Arrange

毛先を巻く

事前に毛先を巻いておくとスタイルが作りやすい。髪の巻き方は、P28を参照。

02

サイドの毛束を分け、おだんごにする

耳後ろからまっすぐ上にサイドの毛束を取り分け（写真 02-A）、残った髪をゴムでひとつにまとめ、毛先を残した輪っか結びのおだんごにする（写真 02-B）。

02-B

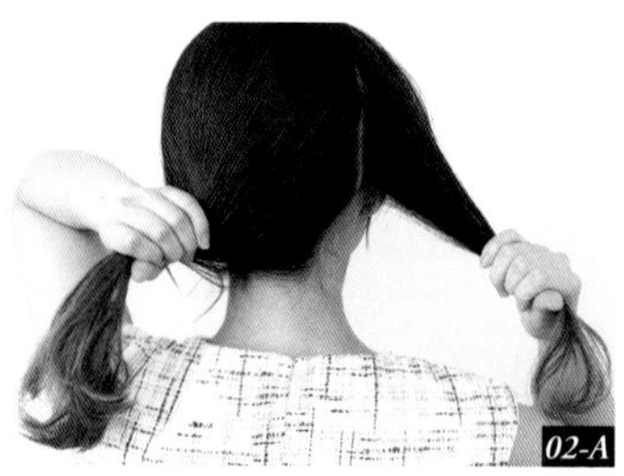

02-A

03

サイドの毛束をロープ編み

サイドの毛束を２つに分け、ロープ編みの要領でくるくるとねじる（写真 03-A）。毛束をつまんで引き出し、編み目をほぐす（写真 03-B）。

03-A

03-B

04

毛束をおだんごに巻きつける

編んだ毛束をおだんごの結び目にぐるりと毛先まで巻きつけ（写真04-A）、ゴムでひとつに結ぶ（写真04-B）。

04-B

04-A

05

トップの髪を引き出し、後ろをクリップでとめる

サイドを手で押さえながら、トップまわりの毛束をつまんで引き出す（写真05-A）。おだんごの毛束を指で左右に裂くように引き出して、ボリュームを出す（写真05-B）。片側に寄せるとみつえり部分の短い毛がたるみやすいため、後ろをクリップでとめる（写真05-C）。

05-A

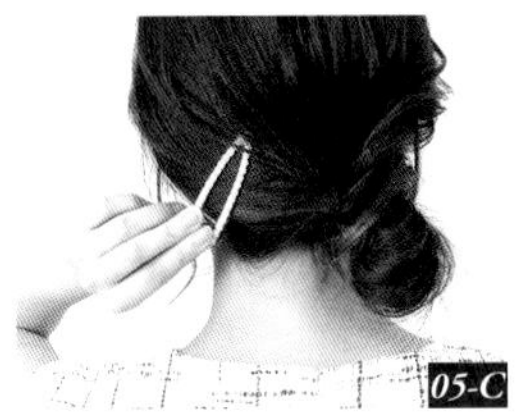
05-C

05-B

Hair arrange 4

華やかギブソンタック

ロング

ヘアピン2本

シリコンゴム2本

ヘアクリップ1個

コテ（26mm）

360度 Arrange

Left
左

Front
正面

Right
右

Back
後ろ

How to Arrange

01
毛先を巻く

事前に毛先を巻いておくとスタイルが作りやすい。髪の巻き方は、P52 01を参照。

02
髪をひとつに結んでくるりんぱ

髪をまとめ、耳下の高さでひとつ結びにする（写真02-A）。結び目の上を割り、結び目を持って毛束を上から穴に通す(写真02-B)。このとき、毛束を２つに分けてぎゅっと引っ張り、ゴムを隠す（写真02-C）。結び目のまわりとトップの毛束を指でつまんで少しずつ引き出し、ほぐす（写真02-D）。

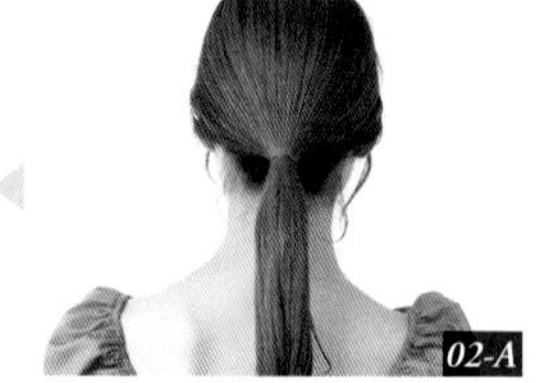
02-A

02-B

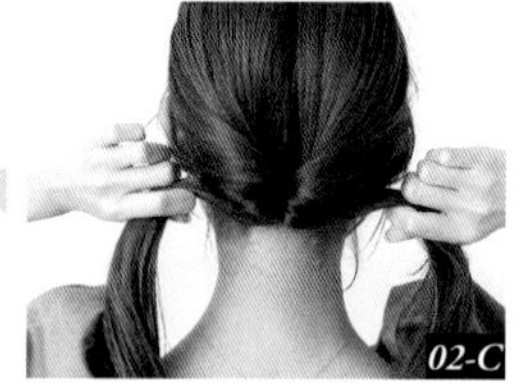
02-C

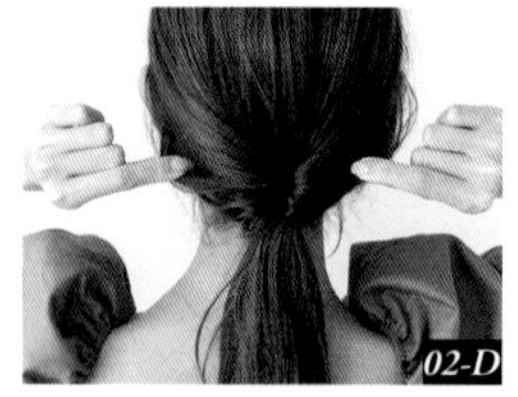
02-D

03

03
毛束を三つ編みにする

毛束を三つ編みにし、ゴムで結ぶ（写真03）。

04
三つ編みをくるりんぱの穴に通しピンでとめる

三つ編みをくるりんぱの結び目の中に２回通す（写真04-A、04-B)。毛先を結び目の下に巻きつけるように隠し、ピンで２か所を固定する（写真04-C、04-D)。

04-A

04-B

04-C

04-D

05
三つ編み部分の毛束を引き出す

ピンでとめた部分を押さえながら、三つ編み部分の毛束を指でつまみやわらかく引き出してほぐす（写真05-A)。サイドにヘアクリップをとめる（写真05-B)。

05-A

05-B

Hair arrange 5

大人華やかロープアレンジ

ロング

ヘアピン1本

シリコンゴム3本

コテ（26mm）

360度 Arrange

耳は半分ちら見せが今っぽい

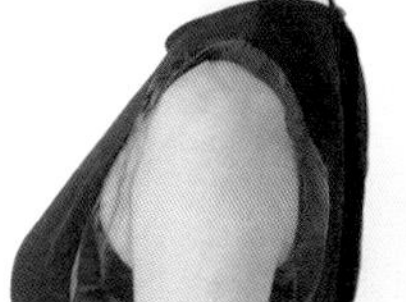

Left
左

艶のあるおくれ毛でイマドキ感アップ

Front
正面

左右で違う表情が魅力

Right
右

きちんと感と遊び心の絶妙なバランス

Back
後ろ

How to Arrange

01
毛先を巻く

事前に毛先を巻いておくとスタイルが作りやすい。髪の巻き方は、P24を参照。

02
髪を２つに分け、毛束をくるりんぱ

髪をみつえり部分で２つに分け（写真 02-A）、少ないほうの毛束をひとつに結ぶ。結び目の上を割り、内側から指で穴をあけてくるりんぱをする（写真 02-B）。このとき、毛束を２つに分けてぎゅっと引っ張り、ゴムを隠す（写真 02-C）。結び目のまわりの毛束を指でつまんで少しずつ引き出し、ほぐす（写真 02-D）。

02-A

02-B

02-C

02-D

03

毛束をロープ編みにしてくるりんぱの穴に入れる

残りの髪を、上下半分に分ける（写真03-A)。2本の毛束をロープ編みの要領で半分ほどくるくるとねじり（写真03-B)、ゴムで結ぶ。毛束をくるりんぱの穴の中に通す（写真03-C)。

03-A

03-B

03-C

04

毛先をロープ編みにしてピンでとめる

毛先2本を、ロープ編みの要領でくるくるとねじる（写真04-A)。毛先を丸く折り返してゴムで結び、指で毛束をつまんで少しずつ引き出す（写真04-B)。毛先を襟足の中にしまい込み、ピンでとめる（写真04-C)。

04-A

04-B

04-C

Hair arrange
6
連続くるりんぱアレンジ
ミディアム
セミロング
ロング
7~8 min
シリコンゴム５本
バレッタ１個
コテ（26mm）

360度 Arrange

Left
左

Front
正面

Right
右

Back
後ろ

How to Arrange

01
毛先を巻く

事前に毛先を巻いておくとスタイルが作りやすい。髪の巻き方は、P32 01を参照。

02
トップの毛束をひとつ結び

まず後頭部を手ぐしでとかし、分け目をなくしておく（写真02-A）。こめかみ上から後頭部の毛束をとり、ゴムでひとつに結ぶ（写真02-B）。結び目を手で押さえ、トップまわりの毛束を指でつまんで引き出す（写真02-C）。

02-A

02-B

02-C

03
サイドの毛束を結びくるりんぱ

結んだ毛束の両サイドの髪をとり、ゴムでひとつに結ぶ。結び目の上を割り、結び目を持って毛束を上から穴の中に通す（写真03-A、03-B）。

03-A

03-B

04-A

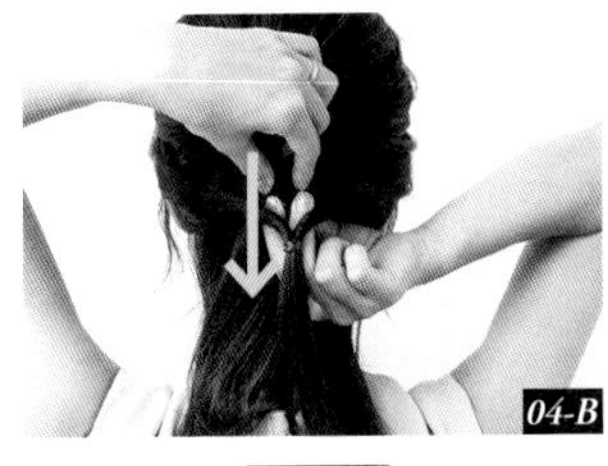
04-B

04
サイドの毛束を結び 2回目のくるりんぱ

2段目の結び目の両サイドの髪をとり、結んで同様にくるりんぱをする（写真04-A）。くるりんぱをしたあとは、毛束を持ちながらゴムを下に引っ張り、ゴムが見えにくいようにするとよい（写真04-B）。くるりんぱをした結び目近くの毛束を、指で引き出してほぐす（写真04-C）。

04-C

05-A

05-B

05-C

05
サイドの毛束を結び 3回目のくるりんぱ

3段目の結び目の両サイドの髪をとり、同様にくるりんぱをする（写真05-A）。残った襟足の髪と、くるりんぱをした毛先をまとめてゴムでひとつに結ぶ（写真05-B）。ゴムの上へバレッタをとめる（写真05-C）。

Hair arrange 7
サイドねじり
おだんごまとめ髪
セミロング
ロング
7~8 min
ヘアピン2本
シリコンゴム1本
ストレートアイロン
コテ(26mm)

360度 Arrange

Left
左

Front
正面

Right
右

Back
後ろ

How to Arrange

01
毛先を巻く

事前に毛先を巻いておくとスタイルが作りやすい。髪の巻き方は、P24 01を参照。

02
髪を3つに分け真ん中をおだんごに

両サイドの毛束を取り分ける（写真 02-A）。真ん中の毛束をゴムでひとつにまとめ、毛先を残した輪っか結びのおだんごにする（写真 02-B）。

02-A

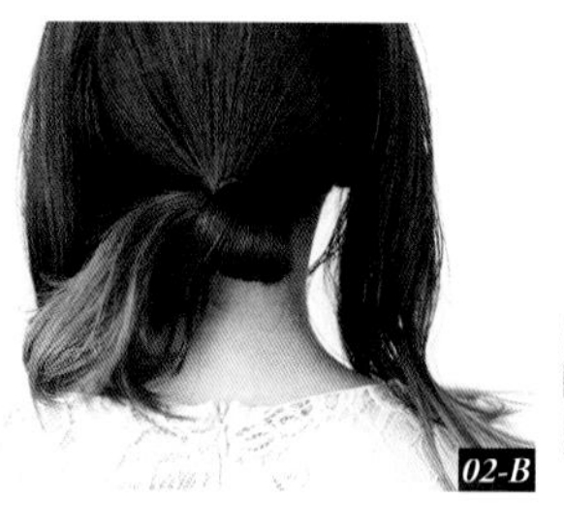
02-B

03
毛束をロープ編みにしておだんごに巻きつける

サイドの毛束を２つに分け、ロープ編みをする（写真 03-A）。毛束を指先で引き出し、編み目をほぐす（写真 03-B）。ほぐした毛束をおだんごのまわりにぐるりと巻きつけ（写真 03-C）、ピンでとめる（写真 03-D）。

03-A

03-B

03-C

03-D

04
反対側の毛束も同様におだんごに巻きつける

サイドの毛束を2つに分け、ロープ編みをする。毛束を指先で引き出し、編み目をほぐす（写真04-A）。ほぐした毛束をおだんごのまわりにぐるりと巻きつけ（写真04-B）、ピンでとめる（写真04-C）。おだんごの毛束を指で左右に裂くように引き出して、ボリュームを出す（写真04-D）。

04-A

04-B

04-C

04-D

05

05
顔まわりのおくれ毛をS字カールに巻く

ストレートアイロンで顔まわりのおくれ毛の中間をはさみ、カーブをつける（写真05）。アイロンを毛先にすべらせ、反対側にカーブをつける。

Hair arrange
8
巻きつけるのがポイント編みおろしヘア
ロング
7~8 min
シリコンゴム3本
ヘアクリップ1個

360度Arrange

編み込みとランダムな巻きつけがおしゃれ

Left
左

正面はきちんとまとめて大人の魅力

Front
正面

デザイン性が高く特別感のあるスタイル

Right
右

難しくないのにアレンジ上級者の仕上がり

Back
後ろ

How to Arrange

01
髪を３つに分け、
１本を三つ編みにする

両サイドの毛束を取り分ける（写真01-A)。真ん中の毛束を、半分ほど三つ編みにしてゴムで結ぶ（写真01-B)。

01-A

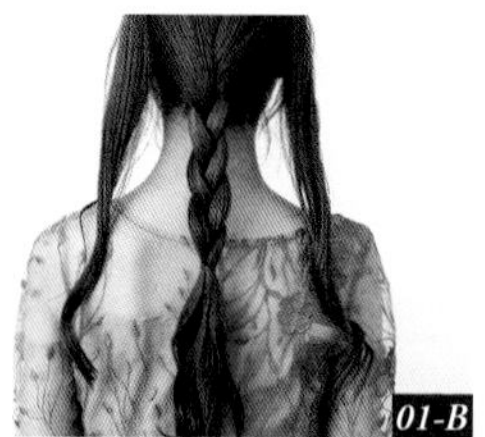
01-B

02
左サイドの毛束を三つ編みに巻きつける

左サイドの髪をねじりながら（写真02-A）三つ編みに巻きつけ（写真02-B)、ゴムで結ぶ（写真02-C)。三つ編み部分の毛束を指でつまみやわらかく引き出してほぐす（写真02-D)。

02-B 02-A 02-D

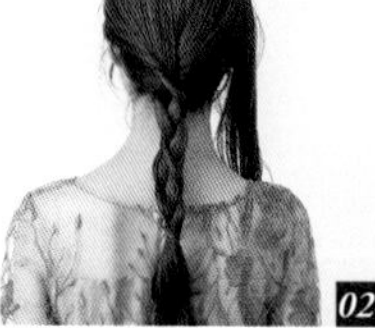
02-C

03

右サイドの毛束を三つ編みに巻きつける

右サイドの毛束をねじりながら（写真03-A）三つ編みに巻きつけ（写真03-B）、ゴムで結ぶ。このとき、巻きつけた毛束を引き出してゴムを隠す（写真03-C）。

03-A

03-B

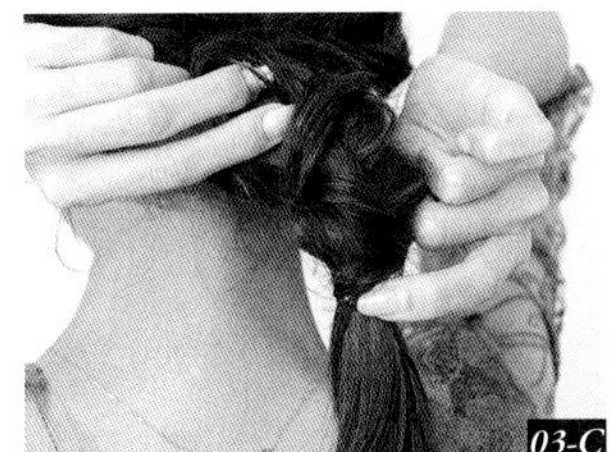
03-C

04

毛束を引き出し、ヘアクリップでとめる

04-B

04-A

巻きつけた部分の毛束を指でつまみやわらかく引き出してほぐす（写真04-A）。サイドをヘアクリップでとめる（写真04-B）。

Hair arrange 9

ふわふわパーティーシニヨン

セミロング

ロング

10 min

シリコンゴム３本

コテ（26mm）

360度 Arrange

How to Arrange

01
毛先を巻く

事前に毛先を巻いておくとスタイルが作りやすい。髪の巻き方は、P24を参照。

02
髪を３つに分け、おだんごを作る

両サイドの毛束を取り分ける（写真02-A）。真ん中の毛束を毛先を残した輪っか結びのおだんごにする（写真02-B）。おだんごの毛束を指で左右に裂くように引き出して、ボリュームを出す。また、トップの毛束を指でつまんで引き出す（写真02-C）。

02-A

02-B

02-C

03
右サイドの毛束をロープ編みにしておだんごに巻きつける

右サイドの毛束を2本に分け、ロープ編みの要領でくるくるとねじり（写真03-A）、毛束を引き出す。ロープ編みはきっちりとしすぎず、ルーズに編むのがよい。おだんごのまわりに1周巻きつけて（写真03-B）、上からゴムで結ぶ（写真03-C）。

03-A

03-B

03-C

04

左サイドの毛束も同様にする

左サイドの毛束を２本に分け、ロープ編みの要領でくるくるとねじり、毛束を引き出す（写真 04-A）。おだんごのまわりに１周巻きつけて（写真 04-B）、上からゴムで結ぶ（写真 04-C）。

04-B

04-A

04-C

05 おだんごの毛束を指で引き出してほぐす

おだんごの毛束を指で左右に裂くように引き出して、ボリュームを出す（写真05）。このとき、なるべく大胆に引き出すことがルーズに作るポイント。真横ではなく、斜め下に引き出すとよい。

完成

Hair arrange 10

くるりんぱと三つ編みで作るパーティーヘア

セミロング

ロング

10 min

ヘアピン2本

シリコンゴム4本

360度Arrange

Left
左

Front
正面

Right
右

Back
後ろ

How to Arrange

01
斜めに髪を分け、耳下の位置で結ぶ

顔まわりの毛束を残し、頭頂部から襟足にかけて斜めに髪を分ける（写真 01-A）。それぞれの毛束を耳下の位置で結ぶ（写真 01-B）。

01-A

01-B

くるりんぱをして 結び目の毛束を引き出す

片方の毛束の結び目の上に斜めに指を入れ（写真 02-A）、穴の中に毛先を入れ込むようにくるりんぱをする（写真 02-B）。結び目の上の毛束をつまんで引き出し、ほぐす（写真 02-C、02-D）。もう片方の毛束も同様にくるりんぱをし、結び目の上の毛束をつまんで引き出し、ほぐす。このとき、分け目のまわりの髪も引き出して、分け目を隠すようにする。

03
毛束を三つ編みにする

毛束を2本とも三つ編みにし（写真03-A）、毛先をゴムで結ぶ（写真03-B）。

03-B

03-A

04
毛束をくるりんぱの穴に入れピンでとめる

三つ編みにした毛束の編み目をつまんで引き出し、ほぐす（写真04-A）。毛束の毛先を逆サイドのくるりんぱの穴の中に入れる（写真04-B）。飛び出した毛束をすくうようにしてピンを差し込み、地肌としっかり固定する（写真04-C）。

04-A

04-C

04-B

05 もう一方の毛束も同様にする

もう一方の三つ編みにした毛束の編み目をつまんで引き出し、ほぐす（写真 05-A）。毛束の毛先を逆サイドのくるりんぱの穴の中に入れる（写真 05-B）。飛び出した毛束をすくうようにしてピンを差し込み、地肌としっかり固定する（写真 05-C）。

05-A

05-B

05-C

06-A

06-B

06 トップと編み目の毛束を引き出す

トップまわりの毛束をつまんで引き出す（写真 06-A）。形がくずれないよう手で押さえながら、結び目の毛束をつまんで引き出し、ほぐす（写真 06-B）。

epilogue

おわりに

この本を最後まで読んでくださり、ありがとうございました。

いかがでしたでしょうか？　自分にもできそうと感じていただけましたか？　この本の制作にあたりみなさんならどこが難しいと感じるか、どうしたら「簡単にできるようになった♪」って言ってもらえるかを必死に考えてヘアプロセスを紹介しました。なので、この本を読んで「ヘアアレンジって難しい……」ではなく「ヘアアレンジって楽しい♪」と思っていただけたら幸いです！

美容師の仕事もそうですが、手先が器用だから成功するのではないんです。手先が不器用だから練習する！　努力する！　そしてできるようになって楽しめる！　結果的に器用な人よりも上手になって美容師として成功するんです。

みなさんも不器用だからできないではなく、うまくなりたいから、おしゃれを楽しみたいからたくさん練習してできるようになる！そんな気持ちでやっていただけたらうれしく思います。

また、ヘアとメイクとファッションはワンセットです！同じようなヘアアレンジでもメイクやファッションを変えれば大きくイメージが変わります。この本もそこをこだわって作っていますので、もう一度全体を見返して、研究してみてください。

ヘアアレンジを通して、みなさんが笑顔になるように。毎日が楽しくなるように。落ち込んでいても、髪型が決まれば、気持ちが前向きになるように。そんなハッピーな毎日を送ってもらえたらと心から願っております。

スタイリスト　渡邊義明

STAFF

編集担当	神山 紗帆里（ナツメ出版企画株式会社）
編集協力	森本 順子、姫井 絢（株式会社 G.B.）
デザイン	別府 拓（Q.design）
本文 DTP	矢巻 恵嗣（ケイズオフィス）
撮影	宗野 歩
動画編集	鈴木 鉄男（株式会社スタジオアイアンベル）
メイク	池田 詩織（BUMP 表参道）
アシスタント	古家 美沙希（BUMP 表参道）

MODEL

池田 るり

入江 史織

小林 真琴

佐藤 真瑚

小林 紗矢香

水野 佐彩

BUMP 表参道

表参道駅から徒歩３分のサロン。髪質改善や低ダメージカラーなど優れたヘアケア技術を持ち、高い品質に定評のある実力店。「頑張る女性を輝かせ、活力を与えられる場所でありたい」という思いから、子連れにも優しい環境を整え、すべての女性のきれいになりたい気持ちをサポートする。イルミナカラー・オイルカラーを導入し、髪や地肌に優しいオーガニックのシャンプーをそろえるなど、トレンドを押さえ髪のことを大切にした提案を行っている。

〒107-0061
東京都港区北青山3丁目12番13号 HOLON-L 2F
TEL: 03-3406-7570
https://www.bump-hair.jp/omotesando/
営業時間：平日 11:00 ～ 21:00
　　　　　土日祝 10:00 ～ 20:00
定休日：無休

本書で紹介しているヘアアレンジには、下記のスタイリング剤を使用しております。

Once スタイリングケア剤

つけるだけで潤いあふれる美髪になる自然由来のスタイリングケア剤。ペリセア・加水分解コラーゲン・18種類のアミノ酸を配合し、乾燥から髪を守ってくれる。写真左から、ミスト、オイル、バーム。
https://shop-order.net/lp?u=stafonc02wy0000

ナツメ社Webサイト
https://www.natsume.co.jp
書籍の最新情報（正誤情報を含む）はナツメ社Webサイトをご覧ください。

著者　渡邊 義明（わたなべ よしあき）

有名美容室を経て、自分でできるヘアアレンジをテーマにしたYouTubeチャンネル「SALONTube（サロンチューブ）」を運営。わかりやすい動画解説が反響を呼び、2020年末時点でチャンネル登録者数は19.5万人にのぼる。動画配信の傍らセミナー運営、雑誌メディアや美容メーカーの広告撮影を行い、商品プロデュースにも携わる。BUMP表参道プロデューサー。

YouTube　https://www.youtube.com/channel/UCoe8byymgsRh4Ze5rdT1Dpg
Instagram　@watanabeyoshiaki

本書に関するお問い合わせは、書名・発行日・該当ページを明記の上、下記のいずれかの方法にてお送りください。電話でのお問い合わせはお受けしておりません。
・ナツメ社webサイトの問い合わせフォーム
https://www.natsume.co.jp/contact
・FAX（03-3291-1305）
・郵送（下記、ナツメ出版企画株式会社宛て）
なお、回答までに日にちをいただく場合があります。正誤のお問い合わせ以外の書籍内容に関する解説・個別の相談は行っておりません。あらかじめご了承ください。

今日がちょっと特別な日になる　ヘアアレンジのルール

2021年5月6日　初版発行

著　者　渡邊 義明

発行者　田村 正隆

発行所　株式会社ナツメ社
〒101-0051　東京都千代田区神田神保町1-52　ナツメ社ビル1F
電話　03-3291-1257（代表）
FAX　03-3291-5761
振替　00130-1-58661
制　作　ナツメ出版企画株式会社
〒101-0051　東京都千代田区神田神保町1-52　ナツメ社ビル3F
電話　03-3295-3921（代表）
印刷所　大日本印刷株式会社

ISBN978-4-8163-6997-1
Printed in Japan
定価はカバーに表示してあります。
乱丁・落丁本はお取り替えいたします。
本書に関するお問い合わせは、上記、ナツメ出版企画株式会社までお願いいたします。